救世主監督

片野坂知宏

ひぐらしひなつ 著

内外出版社

救世主監督

片野坂知宏

◆目　次

プロローグ　爆誕！　救世主監督カタノサカ

「古巣の危機を救いに来ました。いまこそ恩返しをするときだと思っています」

新指揮官はそう言って、救世主のように登場した。そしてボロボロになった集団の陣頭に勇敢に立つと、丁々発止と数々の局面を切り抜け、約束どおり、いや、約束以上に、鶴も顔負けの恩返しを遂げてみせた。

これはJリーグ史上初、J3からJ1へとチームを〝二段階昇格〟させた男と、彼が率いるチームの物語だ。

男の名は片野坂知宏。現役時代にプレーしたこともある大分トリニータで2016年、監督業に就いた。それが火中の栗を拾う選択であることも、重々承知の上で。

当時、トリニータは絶望的な苦境にあった。おそらくクラブ史上２度目の、最大級の存続の危機だ。

最初の危機は２００９年。７年にわたりＪ１で戦ってきたチームが14連敗してＪ２に降格するとともに、累積赤字11億円、債務超過額11億円超という未曾有の経営難が明るみに出た。前年にナビスコカップで優勝し、「地方の星」ともてはやされた直後の出来事だった。

クラブがあちこちから資金を掻き集めて急場をしのぐ中、チームは２０１２年、昇格プレーオフを制してＪ１昇格を果たす。これでとりあえず潰れる心配はなくなったが、当然、Ｊ１で戦うだけの体力もなく一年でＪ２に逆戻り。それでも経営状態は少しずつ上向き、今度こそＪ１に定着できるよう再チャレンジしようというところまで来た。

その矢先の、２度目だ。２０１５年のトリニータはボタンを掛け違えたように失速し、まさかのＪ３降格。このままＪ３から上がってこれないようであれば観客は減り、スポンサーも離れ、またも存続が危ぶまれることになる。

なんとしても一年でＪ２に復帰せよ！

そんなミッションなど、誰が好き好んで背負うだろう。Ｊ３降格で戦力の確保も難しく、ましてや過去にいろいろあったクラブだ。飛んで火に入るマゾヒスティックな物好きは、そう簡単には見つからない。

もういい、もういいんだ。このまま地方弱小クラブにふさわしい楚々としたたたずまいで、トリニータが存続さえしてくれればそれでいい……。

幾多の荒波に揉まれてマッチョメンタルに鍛えられたトリサポたちでさえ、地面に膝をつくばかりに打ちのめされていた。華やかだったJ1時代の思い出が、走馬灯のように脳裏を駆けめぐる。

そのとき突然、走馬灯が急ブレーキをかけた。ぐるぐる回っていた群れを離れ、一頭の白馬がこちらにやってくる。その背にまたがっているのは、救世主・カタノサカ！

「僕は、トリニータで指導者としての一歩を踏み出し、このクラブにS級ライセンスも取らせてもらいました。その御恩を返したいと思います」

Jリーグ創設当時、サンフレッチェ広島で風間八宏や高木琢也といったスターの華々しいゴールをお膳立てしてきた左サイドバック。2000年と2003年にはトリニータでもプレーした。キャプテンも務めたが、プレーヤーとしてはすでに旬を過ぎており、引退後は強化スタッフやコーチとして2006年までトリニータに籍を置く。その後はガンバ大阪とサンフレッチェ広島でコーチとして指導経験を積み、その間に西野朗、長谷川健太、ミハイロ・ペトロヴィッチ、森保一という4人の名将から、勝負やマネジメントの極意を学んだ。

そんな彼自身がついに現場の最高責任者として、その手腕をベールから解き放つ日が来たのだ。

実は「トリニータの新指揮官＝片野坂」説は、Ｊ３降格決定直後から、一部のサポーター界隈でまことしやかに囁かれていた。すでに話はまとまっているらしいのに発表できないのは、片野坂がヘッドコーチを務めているガンバ大阪が天皇杯を勝ち上がっているからだという。

「早く負けてしまえ！」

全トリサポのよこしまな願いも空しくガンバは決勝まで勝ち上がり、きっちりと優勝してシーズンを終えた。さあ、これでようやく指揮官就任が公にできるはず……！

クラブからの正式発表は２０１６年1月11日。片野坂監督爆誕のニュースは大分に光をもたらし、トリサポの息を一気に吹き返した。

なにしろ有能疑惑がハンパないのだ。片野坂がガンバとサンフレッチェで指揮官の参謀を務めていたシーズンは、ほぼ毎年のようにタイトルを獲っている。名将の陰に名参謀あり。名参謀は名将となりうるのか。なるに違いない。なってほしい。きっとなる。

切実なトリサポたちの思いを背負ってトリニータ初のＪ３に挑んだ新指揮官は、慣れないカテゴリーに四苦八苦しながらも、最後には5連勝フィニッシュで優勝し、クラブの命運を懸けたミッションを完璧に達成する。そればかりかこれまでのトリニータとは全く異なる新たなスタイルを構築し、２０１７年には終盤まで昇格争いに絡んだかと思うと、その翌年にはＪ１自動昇格まで果たしてしまった。

片野坂フィーバーはとどまるところを知らず、むしろ誰もが苦戦を予想していたJ1で、さらなる輝きを放つ。開幕戦でいきなりアジア王者の鹿島アントラーズを下し、第2節では同じJ2からの昇格組である松本山雅FCに敗れたものの、第3節でジュビロ磐田、第4節では横浜F・マリノスと、J1のそうそうたるチームに勝利して、好スタートを切ったのだ。

そのサッカースタイルの徹底ぶりと戦術の的確さで、片野坂トリニータは一躍脚光を浴びた。3年前の瀕死状態から蘇ったトリサポたちは生きる歓びを噛み締めている。波乱万丈のクラブ史とともに人生を歩んできただけに、口では「いやまた何が起きるかわからないから」「ここからが大変だから」と言うのだが、それでも有頂天になるのを抑えきれない。

これは、そんなクラブとクラブを取り巻く人々の命運を背負い最前線で身体を張って闘う男と、彼が率いるチームの物語だ。

◆〝秘技・猫じゃらし〟にみんな釘付け

一応、マスクを着用してはいたのだが、小さな地方都市のことだ。スーパーマーケットで惣菜を選ぶ指揮官の姿は、何人ものサポーターに目撃されていた。

家族と愛犬を広島の自宅に残しての単身赴任。コタツで焼酎を片手に一人鍋をつつきながらプレミアリーグやブンデスリーガを見るのが日々の楽しみだ。

そんな気取らなさでも親しみを持たれながら、それ以上にトリサポたちのハートをがっちりと掴んだのは、カタさんが試合中にテクニカルエリアで見せる姿だった。

90分間ほとんど、じっとしていることがない。ピッチ上の選手たちに指示を送る姿が躍動感に満ちあふれている。こっちが空いているぞと大の字ジャンプで逆サイドの選手にアピールし、上がれ下がれと腕を振り回す。パスミスでボールを奪われれば膝を折って悔しがり、シュートが枠を外れれば両手で髪を掻きむしる。縦パスに並走してタッチライン際を攻め上がったときは、さすがにテクニカルエリアから出ちゃダメですと第四審判に叱られて、その後は攻撃参加（？）せずにラインぎりぎりで爪先立ちになって堪えていたのだが。

「ＤＡＺＮはテクニカルエリア専用カメラを置くべき」

「カタさんもＧＰＳで走行距離を計測するべき」

あまりにアグレッシブなコーチングスタイルにそんな提案が相次ぎ、ＳＮＳでは面白がって誰かの作ったヒートマップがすごい勢いで拡散された。話題になっていると指摘すると、指揮官は照れまくった。

「いや、そんな目立っちゃってますか。僕はただ90分間、選手と一緒に戦ってるつもりなだけなんですけど。僕じゃなくて選手のほうにもっと注目してください」

切ないことにカタさんの声は、観客の歓声やサポーターのチャントに掻き消されて、ピッチに届かないことも多い。

「まあ大半は何を言ってるか聞こえてないんですけど、雰囲気で理解してます」

などと笑いながら、選手たちは躍動する指揮官とともに激しい試合を泳ぎきっていく。

そうやって展開する独特のサッカースタイルが、また話題性に富んでいた。

攻撃時には大抵、ゴールキーパーとセンターバックでの延々としたボールのやりとりがはじまる。

「何しよるんか、前に蹴らんかーーー！」

「腰の引けたようなサッカーするんじゃねえぞー！」

スタンドからは焦れたように、オッサンたちの怒号が飛ぶ。

それでも横パスやバックパスをゆらゆらと繋ぐ選手たち。その足元をめがけて、相手がものすごい勢いで突っ込んでくる。奪われたが最後、ゴールは目の前だ。失点は免れない。

「危なーい！」

観客の悲鳴が上がる中、ボールは突っ込んでくる相手をかわし、きわどいタイミングでひょいっと味方へと渡される。今度はそこをめがけて突進する相手選手。またもボールはぎりぎりで、別の味方の足元へ。ときにはボランチも輪に加わりながら、その繰り返しは次第に、猫をじゃらして遊んでいる様相を呈してくる。

と、そのとき。キーパーが大きくボールを前線へと蹴り出した。そこで待っていたのは、すばしっこいフォワードだ。後ろで回されるボールが少しずつ前進しそうな気配につられて、相手の意識はいつのまにかそちらに集中している。それこそが猫じゃらしの狙いだった。相手がいきなり頭上を越えたボールの行方を振り返ったときには、トリニータは相手の守備の手薄なところを突いて、一気にゴールに迫っている。

この〝秘技・猫じゃらし〟が定着してくると、対戦相手も対策を練るようになった。手を変え品を変え、それぞれのチームの得意技を駆使して、どうにかして秘技を封じ込めようとかかってくる。

その多彩な反撃にはカタさんもだいぶ苦しめられた。だが、そんなことははなから織り込み済みだ。むしろ対策を講じられ、さらにそれを上回る次の一手を考えることで、片野坂知宏のサッカー、略して〝カタノサッカー〟は徐々に磨かれていったのだ。

◆全員脇役！　選ばれし30人の戦士たち

シブい。そしてアツい。

ずらりと壇上に並んだ顔ぶれの壮観さに、あらためて感嘆した。

カタさんが監督として3年目を迎えた２０１８年。新体制発表会見でお披露目された10人の新戦力を見渡して、Ｊ２をよく知る人なら思わずニヤリとしたに違いない。特別に名の知れた者は見当たらないが、このカテゴリーで豊富な実績を持つプレーヤーが並んでいる。

まず、カマタマーレ讃岐からやってきた馬場賢治。前線のハードワーカーのイメージが強いが、ポジショニングに長け、高い基礎技術の持ち主でもある。湘南ベルマーレや水戸ホーリーホックに在籍していた当時も、対戦するたびに嫌な動きをする選手だった。

松本山雅から期限付き移籍加入の宮阪政樹。両足から遜色なく精度の高いキックを繰り出し、サイドへの展開や前線へのフィードにより一発で局面を変えることができるボランチだ。挨拶の語り口にもクレバーさがにじみ出る。

同じく松本山雅から那須川将大、こちらは完全移籍。左サイドを司るレフティーだ。涼しい顔で絶妙な位置からアーリークロスを送っては、得点への架け橋を描き出す。落ち着いた物腰がベテランらしく頼もしい。

J1のサンフレッチェ広島から移籍してきたボランチの丸谷拓也は、2012年から2シーズンをトリニータでプレーしており、5年ぶりの復帰。カタノサッカーの源流であるサンフレッチェのミハイロ・ペトロヴィッチ監督から森保一監督に至る流れを網羅し、コーチ時代のカタさんの指導を受けたこともある。環境的にも戦術的にもスムーズなフィットが期待できるはずだ。

彼らはいずれも、玄人好みのプレーヤー。スターになることはなくとも地味なところで個性が際立つ。

その中で例外的に、J3の鹿児島ユナイテッドFCから移籍してきた藤本憲明だけが、華々しい肩書きを背負っていた。2016年と2017年の2シーズン連続、J3得点王。下位カテゴリーながらゴール前での落ち着きはふてぶてしいほどで、決定力は数字に表れているとおりだ。2016年J3で対戦したときには、そのゴール前に入っていく動きに警戒を強いられた記憶がある。

そして何よりも心強いのは、２０１７年の主力のほとんどが引き続き在籍していることだった。ゴールキーパーの上福元直人が東京ヴェルディに移籍し、ボランチの鈴木惇がレンタル元のアビスパ福岡へと戻っていった穴は決して小さくはなかったが、それ以外の選手たちはトリニータとの契約を更新している。これで２０１７年Ｊ２を９位で終えたチームの土台はほぼ残り、それを強化する新戦力が加わった形になった。

なにしろ資金が潤沢でないトリニータのような地方クラブは例年、活躍した戦力ほどビッグクラブに引き抜かれがちだ。だが、カタさんの監督就任と同時に強化部長となった西山哲平は、その手堅い手腕を発揮して毎年、チームの段階的なステップアップに繋がる継続性の高い編成を実現している。２０１８年に向けての補強も、実に渋いところを突いてきた。

西山強化部長がチーム編成のポイントとして挙げたのは「両ゴール前」。「自ゴール前で隙を作らず、相手ゴール前で隙を突く」という趣旨なのだが、それにしては、独力でゴールをこじ開ける点取り屋もいなければ、力尽くでボールを奪い取る屈強な潰し屋もいない。そこに並ぶのは、細やかに動き回り気の利いたプレーで周囲をサポートするのが得意なプレーヤーたちだ。30人の戦力全体を俯瞰すると、このチームがどんなサッカーを志向するのかが自ずと浮き彫りになってくる。

カタさんはつねづね「一人の選手に頼るようなサッカーはしたくない。その選手が怪我や出場停止で欠けたとき、いつものサッカーができなくなるようなチームではあってはならない」と言い続けてきた。それを忠実に落とし込んだ編成で、徹底的に組織と連係にこだわった形だ。

言うなれば、全員が脇役。

だが、舞台に立つ全員が脇役であるとき、それは全員が主役であるのと同じだ。

2018年、カタさんはピッチでそれを教えてくれることになる。

◆すべてじゃないとわかっていても

いよいよ開幕が明日に迫った日の午後。馬場賢治と林容平は、郊外のカフェで食後のコーヒーを飲んでいた。

「……まあ、頑張ろうぜ」

「ああ、そうだな……」

かわす言葉に元気がない。それもそのはず、二人は揃って開幕戦のメンバーから外れたのだ。開幕はアウェイでの栃木SC戦。ついさきほど、クラブハウスで栃木に出発するチームバスを見送ってきたばかりだった。

1月14日にチームが始動してから6週間。6日間の鹿児島キャンプを挟んだプレシーズン、30人の選手たちはレギュラーの座を目指してトレーニングに励んできた。

「まだあんまり理解できた手応えがなかったもんなあ……」

と、カタノサッカー歴6週目の馬場は溜息をついた。

指揮官自身が「僕は賢い選手が好きです」と明言するだけあって、カタさんのサッカーは難しい。そこには細かい約束事があるようで、それでいて選手が自分で判断しなくてはならないのだ。その〝原理〟のようなものを理解するのが、容易ではなかった。

「頭ではわかってるつもりでも、そうならないというかなんというか……」

大分に来てからというもの、馬場の頭は戦術のことでいっぱいだ。つねにフォア・ザ・チームな姿勢を全開に走り回り、家に帰ればブログにサッカーや仲間への熱い思いを綴っては毎回「漢・馬場賢治」という署名で締めくくる、32歳のミッドフィルダー。アフロヘッドでピッチを駆けていた湘南ベルマーレ時代も、ストレートに戻した髪をなびかせていた水戸ホーリーホックやカマタマーレ讃岐時代も、やたらと熱血なイメージが強く、本人も「俺は暑苦しい男」と公言しているのだが、そう見えて実はものすごく緻密にサッカーをとらえるクールさも持ち合わせている。

「カタさんのサッカーを体現しようとするときに、いちばん考えるのは立ち位置ですね。いまこの状況で、味方がどこにいて、じゃあ自分はどこに立てばチームの役に立てるのか」

家でもずっとサッカーのことを考えているので、いつのまにか5歳になる息子が、父親よりもサッカー好きになってしまった。気がつけばDAZNでJリーグを見ている。それもJ2で、選ぶカードも「ロアッソ熊本対ザスパクサツ群馬」といった渋い組み合わせだ。

最近はさらにそれが高じて、戦術ボードまでイジるようになった。自分のチームは父の所属する大分トリニータだ。チームカラーの青いマグネットには実在の選手たちの背番号が記されている。

「後藤は上手いんだよ！」

などと言いながらボード上にマグネットを配置し、控え選手の投入時期に至るまでプランを練る念の入れよう。

「パパはベンチスタートね！」

と容赦なくベンチに追いやられて、父・賢治は内心、壊滅的にショックを受けながら見守っている。

そんな馬場が大分にやってきて最初に仲良くなったのが、ストライカーの林だった。

埼玉生まれで浦和レッズユース育ちの林がトリニータで初めてプレーしたのは２０１４年の夏だ。

そのシーズンの初めには出場機会を求めてＪ１のＦＣ東京からＪ２のファジアーノ岡山へと期限付き

移籍していたのだが、ファジアーノでもあまり出番に恵まれずにモヤモヤしていたところへ同じJ2で戦うトリニータからのオファーを受け、異例のレンタル先変更を、思い切って決断した。トリニータでは即レギュラーの座に収まると、シーズン終盤まで20試合に出場し、7月加入にもかかわらず7ゴールを挙げてチーム得点王に輝く。是非今後もここでプレーしてほしいというトリニータのオファーを断って2015年にはFC東京に戻ったのだが、2017年に再びトリニータに戻ってきた。

「でも、2014年にいたときと全然違うサッカーになってたから俺、びっくりしちゃった」

と林はそのときのことを振り返る。試合に出たい一心で、今度は完全移籍で加入したものの、2014年とは監督が代わり、チームのスタイルも一変している。あまりの勝手の違いにしばらくは戸惑いながら、カタノサッカーを理解しようと努力を重ねた。

林の身体は非常に細い。「ハヤシじゃなくてモヤシ」と呼ばれるほど細いのだが、プレースタイルはその針金のような体つきには似つかわしくなく頑丈だ。ヒョロ長い腕で屈強な相手ディフェンダーをガッツリと背負いながら、足元でボールを収める。ときどき倒されて痛い思いもするのだが、それが相手のファウルになってフリーキックのチャンスにつながることも多い。ゴール前での混戦でグチャグチャになりながらこぼれ球を捻じ込む泥臭い得点も目立った。守備でも必死に走る。その闘志むき出しのプレーと、それとは裏腹な天然キャラの合わせ技の妙で、サポーターからの絶大な人気を誇っていた。

だが、そのプレースタイルが災いして、２０１７年Ｊ２第17節の水戸ホーリーホック戦で負傷。右肘関節脱臼にはじまる複数箇所の怪我で長期離脱を余儀なくされてシーズン通算14試合の出場にとどまり、今季こそはと意気込んでいた。それだけに、開幕戦に絡めなかったことさらに悔しい。

「開幕戦がすべてじゃない。リーグ戦は全試合の積み重ねであって、開幕戦で試合に絡めなかったからといってシーズンが終わるわけじゃない。これから最終節まで、つねに目の前の試合に向けて最高の準備をしてほしい」

カタさんはプレシーズンに何度もそう言った。その言葉の意味するところも、もちろんわかっている。

「わかっていても、やっぱり開幕スタメンってのは魅力的な響きなんだよなあ……」

二人はそうボヤきながら、ほろ苦いコーヒーを飲み干した。

◆プログレッシブ理論派チーム

長いシーズンの間には、どの選手にも必ず好不調の波が訪れる。負傷や累積警告による出場停止でそもそもメンバーに入れない事態も起こりうる。

開幕戦から最終節までの全試合を同様に安定したテンションで戦い、徐々に総合力が右肩上がりになるようにコンディションを高めていくというのが、カタさんのチームマネジメントだった。根底はいくつかの理論により形づくられている。

そのひとつが「戦術的ピリオダイゼーション」。あのジョゼ・モウリーニョもトレーニングに取り入れている理論で、ポルトガル人のヴィトール・フラーデ氏が創案したものだ。シーズン全体を見据えての長期計画は立てず、目の前の一試合のみに向けたプランをひたすら繰り返しながら、リーグ戦全試合を終えたときにチームを最高の状態へと持っていく。

目の前の試合に向けたプランは、オランダ人コンディショニングコーチのレイモンド・フェルハイエンが提唱するトレーニング理論「サッカーのピリオダイゼーション」に拠るところが大きい。こちらはサッカーに特化したメソッドで、的確かつ効率的に、選手たちのフィジカル・コンディションを上げていくものだ。

シーズン目標だけは、長期的な視点で考えられる。Ｊ２に復帰した２０１７年の最初の目標は「Ｊ２残留」だった。順調に勝点を積み重ねて残留を確定させると、目標は「一桁順位」に上方修正され、最終的に９位に収まった。

カタさんの掲げた2018年の目標は「J1参入プレーオフ圏の6位以内」。そのために必要な勝点を70と設定した。リーグ戦42試合を6試合ごとの7クールに分けると、勝点70に達するために1クールごとに必要な勝点は10、3勝2敗1分の計算になる。

こういった具合に、カタノサッカーを体現するためのマネジメントは、緻密かつ多角的に構築されていた。

それを陰で支えるツワモノが、〝チーム片野坂〟にはいる。「戦術的ピリオダイゼーション」をフラーデ教授からじきじきに学んだ、理論派コーチの安田好隆だ。國學院久我山高校サッカー部時代から指導者を志し、大学時代に母校や横河武蔵野FC（現・東京武蔵野シティフットボールクラブ）でアルバイトしたのが指導キャリアのスタート。さらにメキシコのプロクラブのアカデミーやトップチームで指導経験を積んだ後、たまたま読んだ一冊の書物をきっかけにポルトガルへ渡り、ポルト大学でフラーデ教授に師事した。帰国後は東京ヴェルディや柏レイソルアカデミー、アルビレックス新潟でコーチを務め、2017年、西山強化部長に声をかけられて大分へとやってきたのがカタさんとの出会いだった。

知識欲旺盛な安田は、カタさんが就任当初からトレーニングに取り入れていた「サッカーのピリオダイゼーション」も学び、さらに「ライフ・キネティック」の公認トレーナー資格も取得した。ライフ・キネティックはドイツの運動指導者ホルスト・ルッツ氏が開発した運動と脳トレを組み合わせたエクササイズだ。一例を挙げればしりとりしながらリフティングする遊びをもっと高度にしたようなメニューで、任意の固有名詞を言いながら色分けされたボールをパスし合ったり、手とは逆の足を動かしながらお手玉を投げ合ったりする。その難易度を段階的に高めることで、脳の中で普段は使われていない部分を活性化させるのが目的だ。手や足を動かすスピードには限界があるが、脳の伸びしろはもっと見込める。ものを見たり判断したりするスピードや正確性を高めれば、運動性能を上げることにもつながる。

ライフ・キネティックは２０１８年から、毎週のトレーニング初日、２部練習の午後に取り入れられた。「出来るのがあたりまえ」のボールを扱うトレーニングとは違い、「出来ないことにチャレンジする」というレクリエーション的な要素もあり、選手たちのリフレッシュやチームワークにも良好な作用をもたらしているようだ。

こういった多角的なアプローチが、どれだけ勝点に結びついているかを証明するのは難しい。ただ、〝チーム片野坂〟がマネジメントしたシーズン、大分トリニータが堅実に上昇曲線を描いてきたことは、戦績データに表れている。

◆4得点！　2失点したけど4得点！

「僕は攻撃が大好きなので、攻撃的なチームを作りたいです」

2016年の監督就任当初から言い続けてきたカタさんの言葉を裏付けるように、トリニータは2018年、開幕戦でいきなり4得点を叩き出した。

相手はトリニータと同時にJ3に降格し、1年遅れでJ2に戻ってきた栃木SCだ。2シーズンのJ3生活から復帰してきたばかりの栃木は、プレシーズンから絶好調だった。始動以来、トレーニングマッチ無敗で開幕を迎えている。内容が重視されるプレシーズンに内容がともなわなくとも結果を出しているという、それはそれで勝利への貪欲さが透けて見えるようで恐ろしい。

栃木はJ2昇格にあたり、元日本代表ストライカー・大黒将志やFC岐阜でも猛威をふるったブラジル生まれのミッドフィルダー、ヘニキを獲得した。岐阜では最終ラインでもプレーしたヘニキをボランチに配置し、前線には大黒と元スロベニア代表長身フォワードのネイツ・ペチュニクを並べて、それだけでも得点パターンが見えてくる。ほかにも経験値が高く賢い選手たちが周囲を固めていて、なかなかに強力な布陣だ。

栃木とは因縁浅からぬ過去がある。

２０１５年Ｊ２で、栃木はトリニータとともに残留争いに巻き込まれた。開幕以来ずっと下位に低迷してきたトリニータだが、シーズン終盤、大失速した栃木はトリニータを逆方向に追い抜き、最下位でＪ３自動降格。トリニータはＪ２・Ｊ３入れ替え戦に回り首の皮一枚つなげたが、そこでＦＣ町田ゼルビアに敗れ、栃木と〝降格同期〟となった。

いずれも1年でのＪ２復帰を目標にしのぎを削った２０１６年Ｊ３では、序盤は低迷した栃木が右肩上がりに調子を上げて首位を独走。慣れないＪ３での戦いに四苦八苦しながら、トリニータもそれを追走する。シーズン終盤が迫る第19節、残り11試合にしての直接対決でトリニータが敗れ勝点差が9に開いたときには、これで唯一のＪ２自動昇格枠に収まるのは栃木で決定かと思われた。だが、栃木はその後、前年と同じく終盤に失速し、10連勝していた頃の勢いを急速に失う。逆にトリニータは試合内容も上向きで連勝しはじめると、最終節直前に順位を入れ替えて首位を奪取した。そして栃木は、2位のままフィニッシュしてＪ２・Ｊ３入れ替え戦に回ると、ツエーゲン金沢にＪ２枠を防衛され、２０１７年もＪ３で戦うことになったのだった。

栃木は２０１７年Ｊ３でも、夏場には13試合無敗を記録し首位でシーズン終盤を迎えたが、またもラスト6試合未勝利と失速して2位フィニッシュ。それでもこのシーズンからはJ2・J3入れ替え戦が廃止されたため、自動的にJ2復帰となった。ようやく戻ってきたJ2で、ホームで迎える開幕戦。J2とJ3の間を往き来しながら競ってきたトリニータを相手に、勝利したい思いは強くなって当然だった。

ホームで勝って勢いに乗りたい栃木とは対照的に、アウェイチームのトリニータを率いるカタさんは、じっくりと構えて臨んだ。

「内容と結果がともなえばベストですが、開幕戦でアウェイということを考えれば勝点1でも悪くはない。内容にしても最初からベストゲームが出来るとは思っていないですし。昨年同様、徐々に課題を修正しながら積み上げていけるようにして、次に繋がる収穫の多い試合になればいいですけどね」

システムは、カタノサッカーがベースとする3―4―2―1。指揮官がチョイスした先発11人のうち、4人が新戦力だ。最後まで悩んだというダブルボランチには、いずれも新加入の丸谷拓也と宮阪政樹が並んだ。布陣の性格を大きく左右するポジションだけに、人選が定まるまでには時間がかかった。

その丸谷と宮阪がボールを散らすのを阻もうと、栃木のダブルボランチが勢いよく潰しにきた。栃木の守備は球際強く激しい。だが、それこそがトリニータの望むところだ。相手の勢いを逆に利用するのがカタノサッカーの真骨頂。相手が奪いに来ればその背後にスペースが空く。そこを相手の別の誰かがカバーするより早く突いて攻める。

その狙いどおり、トリニータは自陣でまったりとボールを動かしながらチャンスをうかがい、ヘニキが迫力満点に寄せてきた瞬間を見計らって攻撃のスイッチを入れた。1トップ2シャドーの3人がバイタルエリアで流動的に動き、相手を食いつかせては剥がしていく。栃木の守備陣を翻弄しながら、後藤優介が何度もゴール前でボールを受けた。

先制は早々の4分。宮阪の縦パスを1トップ藤本憲明が落とし、シャドーの三平和司がそれを拾ってスルーパスを出すと、走り込んだ後藤が冷静に相手キーパーをかわして流し込んだ。11分には2点目が入る。大きなサイドチェンジを受けた左ウイングバックの星雄次がセンターバックの福森直也に落とし、そこから丸谷が絡んで後藤、藤本と繋ぐと最後はまた後藤。栃木の守備陣はトリニータのスピーディーでモビリティーの高い攻撃に対応できなかった。

栃木も長いボールを送って前線に圧力をかけてくるが、トリニータの最終ラインがボランチと協力してセカンドボールを拾い、ネイツと大黒に満足な攻撃機会を与えない。

24分にはトリニータが3点目。右コーナーキックからのこぼれ球を密集の外から丸谷が狙ったが、これはゴール前にいた鈴木義宜の背中に当たって跳ね返る。味方ブロックかーい！と頭を抱えたのも一瞬、素早く反応した藤本が拾って左足でゴールに突き刺した。前半は完全なワンサイドゲームだった。

後半は一転、3点のビハインドを追って攻めに出た栃木が主導権を握った。ボランチのヘニキが高い位置を取りセカンドボールを拾いはじめると、その圧に押されるようにトリニータは守勢へと追いやられ、栃木の両サイドハーフに仕掛けを許す場面が増えた。

57分、ヘニキのアーリークロスから大黒に1点を返される。後ろに目がついているのかと思うほどの見事なバックヘッドだった。勢いを増す栃木の攻撃をしのぐトリニータは交代策で主導権奪還を図ると、78分に4点目を入れて再び3点差を取り戻す。

このまま逃げ切れるかと思ったら、アディショナルタイムに2失点目。勝つには勝ったが試合運びに課題を残した。それでも4得点での白星スタートは、なかなかの好感触だ。

◆カタノサッカーの弱点はここだ！

第2節のモンテディオ山形戦に、カタさんは4―4―2のフォーメーションで臨んだ。

2017年も3バックと4バックの複数のシステムを併用したが、2018年もそのつもりらしい。だが、はじまってみるとプレーがどうにもぎこちない。第2節ではまだチームの成熟度が足りず、選手たちが十分にこのオプションに対応できなかったのだ。迷いのある雰囲気は相手を勢いづかせる。開始早々の5分、悪い形でボールを失ってカウンターを仕掛けられ、ドリブルで進入してきた相手をエリア内で倒してPKを献上した。

失点した直後、カタさんは迷うことなくシステムを3―4―2―1に変更した。そのへんは抜かりなく、上手くいかなかったときのリスクマネジメントも万全だ。交代カードを切ることなく、少し立ち位置をスライドするだけで3バックシステムに切り替えられる構成でスタートしていた。本当はボールの動かし方を修正しながらもうしばらく様子を見たかったのだが、実戦の中でオプションの完成度を上げるプランはとりあえず棚上げだ。

やはり長時間トレーニングしている基本システムのほうが戦いやすい。3バックにしてからはモンテディオのシステムとのミスマッチも生じ、ボランチから左右ワイドへの伸びやかな展開や、相手の背後を突く攻撃が見られるようになった。互いに攻撃的カードを切りながら大半はモンテディオに押し込まれたが、相手のフィニッシュの精度不足にも助けられ、2―2のドロー。最初は躓いたけど負けなくてよかったね、というホーム開幕戦になった。

第3節、アウェイのファジアーノ岡山戦ではシーズン初黒星を喫した。堅守自慢のファジアーノは2節連続無失点で連勝中。3―4―2―1同士のミラーゲームでまともにプレッシャーを受けてプレー精度を欠いたのか、あるいは選手間のディスコミュニケーションか、この日のトリニータは不自然なくらいパスが繋がらなかった。ボールが全く収まらず、セカンドボールもことごとく拾われて、攻撃機会を生み出せない。ダブルボランチは揃って押し下げられ、前線と中盤が分断した状態になった。ボールを持っても相手に寄せられて出しどころを見つけきれず、とりあえず1トップの藤本憲明めがけて放り込むが、孤立した藤本が相手ディフェンダーに潰される繰り返し。アイデア勝負でゴールを狙ってみたりもしたが、苦し紛れな印象に終始した。

43分に先制点を奪われ、相手がさらに守備を固めると、カタさんは選手交代で変化をつけようと試みた。最終ラインから攻め上がらせたりドリブラーを増やしたりすることでミラーゲームのバランスを崩す狙いで、それなりに奏功もしたのだが、ファジアーノのほうもトリプルボランチに変更してゴール前を固め、トリニータの分厚い攻撃を阻み続けた。

0―1のスコア以上に、ダメージの大きな敗戦だった。相手を剥がして上回れなかったショックが、試合後のチームに重くのしかかった。

カタノサッカーは、こちらが動かすボールを相手が奪いにきてこそ威力を発揮する。まず大前提として、相手に奪われることなくボールを動かせなくてはならない。マッチアップした相手にパスコースを封じられればボールを後ろに戻すしかなくなってしまうし、パスの受け手が上手く相手の間に顔を出したとしても、少ないタッチでテンポよく出さなければ次第に相手のプレスにハメられてしまう。相手の立ち位置や状態の把握、味方との阿吽の呼吸、スピーディーにして正確な足元の技術。たくさんの要素が求められるのだ。さらに、いくらボールを動かしても相手がブロックを構えて食いついてこなければ、スペースが生まれず攻撃のスイッチは入らない。この戦術を貫く以上、宿命的なウィークポイントだった。

この〝守備を固めるチームとのミラーゲーム問題〟は、この後何度もトリニータの前に立ちはだかった。そのたびにカタさんはそれを克服しようと、さまざまな手段を考案していくのだ。

◆意趣返し！　水戸式可変システム

第4節の東京ヴェルディ戦もスコアレスドローに終わり、これで3試合白星なし。さすがに少しばかり空気が澱みはじめる。

それを払拭するように、カタさんは第5節の水戸ホーリーホック戦に戦力を入れ替えて臨んだ。開幕戦でメンバーから漏れてカフェで励まし合っていた馬場賢治と林容平が、揃って先発に名を連ねる。

「やっとここまで来たかって感じ」

と感慨深げな馬場。この日は馬場の娘の1歳の誕生日でもある。娘を抱き、4歳の息子の手を引いて父子3人で入場した。

「マジでやってやろうぜ、見せてやろうぜ」

試合前日に先発を告げられた後で盟友の馬場と誓い合った林は、試合中も「行くぜー！」「賢治行けー！」と雄叫びを上げ続けた。ほとんどスポ根マンガのノリだが、天然きわまりない本人は大真面目にやっている。

絶好調のホーリーホックは3勝1分で現在首位。テクニカルにボールを繋ぎながら攻めてきたが、こちらもポゼッションにかけては意地がある。前日からの雨に濡れてスリッピーになっているピッチにも後押しされつつ、相手のハイプレスをかいくぐってスピーディーにパスを回し、立ち上がりからペースを握った。

10分、それまでにも何度かサイドアタックでチャンスを作っていた右ウイングバックの松本怜が、相手サイドハーフとサイドバックのどちらも寄せきれない絶妙な地点からアーリークロスを送ると、右シャドーの後藤優介がそれをトラップする。あ、こぼれた、相手に拾われる、と思った瞬間、猛然とスライディングする影。

賢治さんだー！

馬場の果敢なスライディングによりボールは再び転々とこぼれ、今度はしっかりと拾った後藤が、落ち着いてコースを見極めゴールへと流し込んだ。

24分には馬場からの斜めのクサビを後藤が落とし、林が左ウイングバックの星雄次へと渡す。星は相手をかわしながら中央へと切れ込んでシュートし、2点目を奪った。馬場も林も得点に絡む大活躍だ。だが、ホーリーホックも黙ってやられていてはくれない。29分にはスルーパスから1点を返し、後半は反撃に出た。

しかもその反撃の仕方が、なかなかに厄介だった。

カタノサッカーの元ネタは、ミハイロ・ペトロヴィッチがサンフレッチェ広島を率いていた頃に築いた3―4―2―1をベースとするスタイルだ。攻撃時にはダブルボランチの1枚が最終ラインに落ちて4―1―4―1の形になり、守備時には両ウイングバックが最終ラインに落ちて5―4―1でブロックを形成する可変システムで、いつしかJリーグファンの間で指揮官の愛称にちなみ〝ミシャ式〟と呼ばれるようになった。カタさんはそれに自分なりのアレンジを加えながら、ミシャ式にさらに柔軟性を持たせた戦い方をしているが、可変システムであることは変わらない。

ホーリーホックは後半、そのカタノサッカーに〝可変システム返し〟で対抗してきたのだ。守備時にはボランチの1枚が最終ラインのいちばん右に移動し、5—3—2の陣形でサイド攻撃に対応しつつゴール前を固める。攻撃に切り替わると落ちていたボランチは中盤に戻り4—4—2となる。

トリニータにしてみれば、ファジアーノ戦のトラウマを思い出す守り方だ。ボランチが落ちる位置も妙なので、マークにもつきづらい。ホーリーホックが次第に押し込みはじめるのと同時に、トリニータが無意識にリードを守ろうとする方向へと傾いたことで、流れは完全にホーリーホックへと移ってしまった。

次の1点が勝敗を左右する展開だ。ここでホーリーホックに追いつかれたら、逆転の勢いを与えてしまう。なんとしても3点目を、と思っていた63分、トリニータがスコアを動かした。

スピード自慢の右ウイングバック・松本が敵陣深くまで仕掛け、その勢いのままに速いマイナスのクロスを送る。これに電光石火で右足を合わせた男。

……うお、容平⁉

直前のシーンで相手ディフェンダーと接触して派手にすっ転んでいた林が、バネのように立ち上がって素晴らしい速さで相手の背後からニアに入り、がむしゃらに足を出していた。その足に当たったボールは跳ね返ってゴールの中へ。

すげえ、これぞ林容平。こういう火事場で泥臭い馬鹿力を発揮するストライカー。決して上手くはないしスマートでもないけれど、細い体に闘志をみなぎらせてぶつかっていく。もっと要領よく立ち回れば体への負担も少ないだろうにと思うけれど、それが容平のスタイルで、鼻水垂らしながらでも最後の最後まであきらめずに得点を狙うのだ。2017年は微妙な判定でゴールを取り消されたり怪我で長期離脱を余儀なくされたりと不本意なシーズンだった。約一年ぶりのゴールに、ストライカーは復活の雄叫びを上げた。

再びリードを広げたところで、カタさんのベンチワークが冴えた。3点目が入った直後に馬場を清本拓己に、68分には林を伊佐耕平にと、攻撃陣を勢いとスピードのあるタイプに入れ替え、カウンター狙いへとチェンジする。ホーリーホックも選手交代で前線の圧を増してきたが、トリニータの守備陣が体を張ってシュートブロック。跳ね返したボールをなんとか清本と伊佐に渡してラインを押し上げたいのだが、セカンドボールを拾うべき選手たちも疲労している。

一瞬の隙を見せれば押し破られてしまう、そんな雰囲気の中でカタさんが最後に切ったカードは88分、後藤に代えて小手川宏基だった。長身ディフェンダーを入れてひたすら跳ね返すのではなく、賢くポジションを取って前線へとボールを繋げるミッドフィルダーを投入し、ボールを持つ時間を増やして乗り切る方法を選んだのだ。

守り切るとは、攻め切ることだ。

カタさんは逃げ切るときも、自分たちのターンを増やして相手の攻撃権を削る方針を貫く。ほとんどの試合でそうだった。たまに試合状況とベンチの手駒を見比べた上で跳ね返しに徹することもあったが、その試合の閉め方の選択が、いつも見事で唸ってしまう。

好調・ホーリーホックにシーズン初の黒星をつけたこともトピックだが、ここまで試合に絡んでいなかったメンバーが出場して結果を出したことが、最大の収穫だった。続く第6節のカマタマーレ讃岐戦も同じメンバーでスタートし、トリニータの長所を消そうとする相手のポジショニングに苦しみながらも、宮阪政樹のスーパーフリーキックと馬場賢治の古巣への恩返し弾が生まれ、2―1で勝利。シーズン初の連勝を遂げた。

◆黄色いチームが大嫌い

トリサポは黄色いものを見ると具合が悪くなる。そう言われるほど、相性が悪かった。

Ｊ１、Ｊ２合わせてのリーグ戦通算対戦成績、２勝４分20敗。20敗って！

大量失点の試合も多く、３失点はザラで、４失点がスタンダード。５失点、６失点を喫したシーズンもある。さらに２０００年の初対戦以来、ホームスタジアムで勝った試しがない。どれだけ監督や選手が入れ替わっても、その相性の悪さは覆されることがなかった。

天敵の名は、ジェフユナイテッド市原・千葉。トリサポはジェフのことをそのエンブレムにあしらわれた秋田犬にちなんで「お犬様」と呼んでいる。この卑屈な感覚は一朝一夕に成されたものではない。長い長い年月をかけて川底の砂礫のように堆積してきた歴史的な体質なのだ。

「次はジェフか……」

第7節を前に、トリサポの気分は優れない。せっかく連勝して盛り上がりたいところなのに、なにゆえこのタイミングで次がジェフ戦なのか。既に連勝は2でストップと決まっているようなものではないか。

カタさん体制でのジェフとの初対戦は２０１７年。実は少しだけ、勝てるのではないかと期待していた。

というのも、このシーズンからジェフは、カタノサッカーとめちゃくちゃ相性がいいはずの〝ハイライン・ハイプレス〟による戦術を貫いていたからだ。しかもその度合が尋常でなかった。前線から激しくボールを追い回し、最終ラインはハーフウェイラインあたり。広大な自陣に残っているのはゴールキーパーただ一人だ。センターバックに韋駄天を置いているわけでもないので、背後へと抜け出されれば失点の危険性は一気に高まる。実際にそれで失点するケースも多いのだが、それ以上にパワフルな攻撃陣が点をいっぱい取って勝ってしまおうぜ、というスタイルを貫いていた。

陣頭に立つのはアルゼンチン生まれのファン・エスナイデル。選手に厳しい食事制限を設けて「玄米法師」と呼ばれるなど、いろんな意味でクセの強い指揮官だ。サラゴサやヘタフェといったスペインの名だたるクラブでの指導歴があり、期待をもって迎えられたが、横浜FCに0―4で敗れたかと思えばV・ファーレン長崎を5―0で打ちのめし、FC岐阜とはいわゆる〝馬鹿試合〟の末に6―4で勝つなど、不安定な勝敗を繰り返している。センターバックはハイラインの背後に放り込まれたボールにどうにか対応しようと必死で長い距離を駆け戻るのだが、後追いタックルでファウル判定を受けるなど、何人もがその戦術の犠牲となった。

そんな相手なので、カタさんならもしかしたら、という期待も、ちょっとだけしていた。相手の背後を狙うカタノサッカーにとって、これほど広大なスペースを与えてくれる相手はいない。だが、初めて対戦した第21節のアウェイ戦で1―4と大敗し、希望は脆くも砕け散った。リベンジを期した第39節のホーム戦も、1―2で屈した。

やっぱりジェフはジェフだったか。

肩を落とし、そして迎えた2018シーズン、このタイミングでのジェフ戦だ。ここで相手が相手なら、ホーリーホックとカマタマーレを下して3連勝をと勢いづくところなのだが、よりによってジェフかあ……と、勢いは自ずとトーンダウンする。

ジェフは2017年終盤、システムを4―3―3から4―2―3―1のダブルボランチにして守備が安定すると、7連勝フィニッシュで6位にまで急上昇。この勢いで勝ち上がれー！と臨んだJ1昇格プレーオフでは、準決勝で名古屋グランパスに敗れ、J2に残留した。プレーオフに絡めないことが決まっていたトリサポにしてみれば、対戦するたびに心打ち砕かれる〝天敵〟にはさっさと昇格してもらってもよかったのだが、残念ながら2018年も、天敵と同じカテゴリーで戦うことになった。

ジェフは前年にダブルボランチであれだけ調子が上向いたのだからそれを継続するに違いないと思っていたら、オフ明けにはまたシステムを4―3―3に戻して開幕から1分3敗とズッコケている。さすがエスナイデル、なかなかの存在感だ。

「隙あらばアンカーシステムに戻そうとするんですよ……」

とジェフ担当記者がボヤくのを聞き、口では「まあまあ、それでもトリニータには勝つんでしょ」となだめながら内心ではそのままコケておいてくれ、と願っていた。だが、さすがに4戦白星なしはマズいと思ったのか、エスナイデルは第5節のカマタマーレ戦で、いきなりシステムを3―4―2―1に変更してきた。

カマタマーレにしてみれば抜き打ちだ。綿密に相手をスカウティングしてそのストロングポイントを消す戦い方を生命線としているのに、こんな奇襲に遭ってしまうと準備してきた戦術は水の泡。低予算をやりくりして戦っている小さな地方クラブは、大企業2社が株主を務めるJ2屈指のビッグクラブの前に6失点して砕け散り、固唾をのんで見守っていたトリサポを「ちょっとー！」と慌てさせた。

大量得点でのシーズン初勝利に気分をよくしたジェフは、続く第6節にも3―4―2―1で臨み、京都サンガを2―0で下す。おいおい、なにもトリニータ戦の直前に調子を上げなくてもいいじゃんよ……と、こちらは絶望的な気分に傾くのを止められない。

ミラーゲームでは、マッチアップするプレーヤー個々の力量差が如実に出やすい。そのセオリーにのっとれば、高額年俸選手が顔を並べるジェフのほうが絶対的に有利だ。経営難から這い上がってきたクラブにはなから厳しい勝負ではないか。

そんな嘆きの中で、ジェフ戦の憂鬱な朝はやってきた。

◆夢に見たその日がやってきた

ベンチメンバーを見たとき、うわあ思い切ったな、と思わず声が出た。

7人中5人が攻撃陣。1人はキーパーの修行智仁で、もう1人はセンターバックの竹内彬だ。

「ベンチに10人入れられるなら10人入れたいくらい」

試合前々日のカタさんの苦笑いを思い出す。ジェフが引き続き3―4―2―1で来ることを想定しつつ、試合展開によっては途中でシステム変更する可能性も見据え、複数のプランを準備していた。状況によって1トップ2シャドーの組み合わせを何パターンも作れるよう、さまざまなタイプを控えさせたのだろう。最終ラインのメンバーにアクシデントが起きたときには、ベンチにいる竹内のほかに、ボランチの丸谷拓也を一列下げることもできる。

ジェフのほうは、案の定3―4―2―1。前節はコンディション不良で欠場していたアルゼンチン生まれの点取り屋ラリベイが、全トリサポの願い空しく1トップに復帰している。2シャドーには町田也真人と茶島雄介のテクニカルコンビ。ボランチには好調の熊谷アンドリューとベテラン佐藤勇人が並び、ははは、相変わらずハイポテンシャルなメンツがお揃いですねと両手を上げたくなってしまう。

そんなムキムキのジェフに対し、トリニータは立ち上がりから真っ向勝負を挑んだ。

ジェフのハイプレス・ハイライン戦術を逆手に取り、後方でボールを動かしてジェフの選手を出来るだけ引きつけることで、その背後に生まれるスペースを狙う。エスナイデル流はカタノサッカーにとって、ハマればまたとないカモになるはずなのだ。

ただ、理論上はそうでも、ピッチではミスが起きる。そのミスを誘おうとしてジェフの前線がかけてくるプレッシャーはパワーとスピードに満ち、タイミングも間合いも迫力満点だ。その圧に押され、トリニータのボール回しに次第に危なっかしさが漂いはじめる。自陣ゴール前で動かすボールをあわや引っ掛けられるのではないかと、スタンドからは何度も悲鳴が上がった。実際に試合開始早々にその形から茶島と熊谷に立て続けにシュートを打たれたが、いずれも枠外に飛んでセーフ。それも散々見てきたパターンだが、このまま続けていたら得点されるのは時間の問題だと思われた。

だが、相手のミスを逃さなかったのは押されていたトリニータのほうだった。19分、ジェフのキーパーがミスキックし、そのこぼれ球を拾った林容平がすかさず流し込んで先制点を奪う。ジェフはその後もいくつも築いた決定機をことごとく外して、試合は1―0で折り返した。

ジェフがこのまま終わるはずがない。そう思っていたら後半にやはり来た、エスナイデルの〝隙あらばアンカーシステム〟。4―3―3に変更して前線にかける人数を増やし、プレーヤー個々の力でトリニータを押し込んでいく。トリニータは防戦一方となり、流れは見る見るうちにジェフへと傾いていった。

58分にはラリベイのパスをクリアしようとペナルティーエリアを飛び出した高木駿が町田にかわされ、大ピンチが訪れる。げぇえ！　トリサポは死を覚悟し、無人のゴールを狙った町田は悠々と同点弾を奪った……かと思われたがそうはならなかった。

12人目の味方、クロスバー選手！

町田のシュートは白い枠に当たって跳ね返り、スタンドの絶望の叫びは安堵の咆哮に取って代わった。

決定的なチャンスを逃したジェフと、命拾いしたトリニータ。これが試合の分水嶺となった。焦りが生じたジェフはどんどん前がかりになる。同時に、前半にプレスをかけに走った疲労が、彼らの運動量を落としはじめた。

カタさんはそのタイミングを見逃さない。林容平と馬場賢治を、伊佐耕平と清本拓己へと2枚替えする。出た！〝戦術・伊佐〟！

伊佐が投入されたら何をすればいいかという暗黙の了解が、チームには育っている。そのスピードと野性味あふれるダイナミックなプレースタイルは、スペースを与えられると爆発的な威力を発揮するのだ。勢い満点のドリブラー・清本がそれに拍車をかける。途中投入の二人に後藤優介を合わせた前線3人が絡み、ジェフのハンパなく高いラインの裏を突いて、怒涛のカウンターが発動した。

64分、ゴール前に抜け出した伊佐のマイナスのクロスに、中央のスペースへと攻め上がった星雄次が合わせて2点目。続く67分には星の仕掛けからのクロスに後藤がゴール前で潰れ、清本がフィニッシュして3点目。

カウンターチャンスを量産するトリニータに負けじと、ジェフも前線にパワーをかけてくる。74分、茶島を下げて指宿洋史とラリベイのツインタワーに変更すると、二人をめがけて土砂降りのようにクロスを放り込んできた。これは怖い。

カタさんはジェフの攻撃時間を削ろうと、86分、後藤を下げて川西翔太を送り込んだ。足元の技術が高く、相手に貼りつかれても巧妙にそれを振り回しながらボールをキープするのが得意な川西に、少しでも時間を稼がせて逃げ切ろうという魂胆だ。

その3分後、川西が期待以上の仕事をした。右サイドをスピードスター・松本怜が攻め上がる。試合終盤まで衰え知らずの光の速さのカウンターから出てきたパスが川西へ。それを受けて前を向いた川西は、シュートコースを消そうと幾重にも前を阻むジェフの守備陣を鮮やかな切り返しで幻惑すると、隙を突いて右足を振り抜きネットを揺らした。

なに今のエグザイルみたいなヤツ！

真後ろから見ると、川西の体重移動で（川西は背を向けているけれど）「Ｃｈｏｏ　Ｃｈｏｏ　Ｔｒａｉｎの回るやつ」みたいなズレが生じている。このエクザイルシュートの瞬間、カタさんも思わずテクニカルエリアで両手を上げてガッツポーズした。

とんでもないシュートでトドメを刺して、試合は４―０で終了。

……これってジェフ戦だよね？

夢でも見ているのかと思った。苦節十年、トリニータはついにホームスタジアムでジェフユナイテッド千葉に初勝利。長い長い〝お得意様〟を返上した、歴史的快挙だった。

◆釣り針は緻密に仕掛けるべし

歴史的快挙以前に、トリニータはジェフにリーグ戦で２勝している。

記念すべき１勝目は２００９年11月29日、Ｊ１第33節だ。このシーズン、前年のナビスコカップ優勝から一転して大失速したトリニータは、ジェフとともにＪ２降格圏に沈んでいた。不調同士の対戦は２―０でアウェイチームのトリニータが勝利。揃ってＪ２降格したものの、この試合結果をもってシーズン最終盤で順位を入れ替え、ジェフが最下位となった一戦だった。

２勝目は２０１２年10月14日のＪ２第38節。森島康仁の２得点で、やはりアウェイの地で逆転勝利に沸いた。この後、両者はＪ１昇格プレーオフ決勝で再会する。立ち上がりから終始劣勢だったトリニータが86分に決死の超攻撃的布陣によるカウンターから１点を奪い、Ｊリーグ史上初のプレーオフからのＪ１昇格をものにした、Ｊリーグファンに語り継がれる名勝負だ。

その２戦の記憶が、なんとなくトリサポに「リーグ戦でジェフに勝ったシーズンには何かが起きる」というジンクスを植えつけている。

これは今回も、もしかしたらもしかするかも。

そんなサポーターたちの期待にさらに拍車をかけたもうひとつのジンクスが、〝西京極の虹〟だった。西京極スタジアムで虹を見たチームはそのシーズンに昇格する、というジンクスが、Ｊ２各クラブのサポーター界隈にはいつからか生まれている。かつてはＪ１で権勢を誇った京都サンガの長いＪ２暮らしを暗に表していて少し切なくもあるが、確かに２０１２年のＪ１昇格プレーオフ準決勝でサンガを４―０で下したときも、トリニータは西京極で虹を見ていた。

その虹を、またも見てしまった。2018年4月7日J2第8節、昇格を意識するにはあまりにも早い時期だ。

この試合でトリニータは、両ウイングバックに明確な役割を課していた。ポジショニングにより相手をつり出すというタスクだ。

2017年のカタノサッカーでは当初、ウイングバックの役割は第一に縦に仕掛けることで、とにかく幅をいっぱいに取って勢いある突破からクロスを供給することを求められていた。そこから徐々にカットインの選択肢を許され、ポジショニングの自由度が高まる。スピードに長けドリブルも得意な松本怜はカットインすることで相手を引きつけることもできたし、スペースを抜けていくのが好きな岸田翔平は頻繁にゴール前に顔を出すようになった。それらはどちらかというとフィニッシュに近い場面での話だ。だが、今回の新たなタスクは、攻撃の最初の段階に関わっている。

サンガのシステムは4―3―3。ウルグアイ出身の長身フォワード、レンゾ・ロペスを頂点に据え、両ウイングにスピードと勢いのあるアタッカーを大きく張らせて配置する。トリニータのように後方からビルドアップしていくチームに対しては、特にこの両ウイングが激しくプレッシャーをかけて、それを邪魔していた。

相手の守備を逆手にとって攻撃を繰り出したいトリニータは、ゴールキーパーやセンターバックがボールを握り、相手が球際に寄せてくるのをぎりぎりまで引きつけておいてから、味方にパスを出す。寄せてくる相手の背後に生じたスペースでボールを受け、そこに相手が寄せてきたらさらにその背後へ。それを繰り返すうちに最後にはゴール前で数的優位の状況が作れている、という計算になる。

サンガ戦でもその理屈にのっとって、ウイングのハイプレスを利用した。ビルドアップのスタート時、トリニータのウイングバックは敢えて低い位置を取り、相手ウイングを引きつける。そのウイングに連動してインサイドハーフも寄せてくるなら、その背後のアンカー脇が広大に空く。来ないならその手前が空くし、さらに奥の逆サイドでもいい。その選択は状況によって変わるが、いずれにしても相手の誰かがどこかのスペースを埋めにくれば、その向こうが空くことになる。

その〝空いたところ〟を見つける視野の広さと判断力なしには成立しない方法だが、カタノサッカーではどのポジションの選手も、これが出来るようにトレーニングで意識づけられていた。ポジションやプレーするエリアごとに選択肢の違いはあれど、基本は〝空いたところを見つけてそこを使う〟のが全域に共通して求められるスキルだ。

そうやってこの試合でウイングバックは、サンガのウイングを引き込みつつ、縦パスが入った瞬間に入れ替わって攻撃に出ていけるポジションを取り続けた。スピードがあって細やかな駆け引きを得意とする松本怜と星雄次が務めてこそ、この〝釣り針作戦〟は成立する。

◆西京極の虹を見たかい

作戦は概ね上手く行った。だが、足枷となったのは対戦相手ではなく、ずっと降り続いていた雨だった。前線にボールが入った瞬間にスピードを上げて好機必殺を狙いたいのに、ピッチが濡れすぎていてボールが足につかない。特にワンタッチやフリックの制御は難しく、コンビネーションを生かした攻撃には厳しい環境だった。

フィニッシュまで行けず相手に奪われては攻め返される。トリニータもサンガの縦パスが入る瞬間を狙い、こまめにアプローチを続けた。何よりも怖いのは闘莉王だ。184センチの屈強な元日本代表センターバックは、最終ラインから最前線までどのポジションもこなし、ピッチのどこにいても脅威でしかない。彼が攻撃に絡むときには、ボールを収めさせたが最後、だいぶピンチになる。そのケアは姫野宥弥に託された。163センチと小柄ながら猟犬のように走り回ってボールを狩る〝和製カンテ〟だ。

互いに足元でミスが頻発し、事故的にスコアが動く展開になりそうだったが、どちらも精度を欠いたり守備陣の好守に遭ったりして、ネットを揺らしきれない。

後半に入ると同時にサンガは、右インサイドハーフのエスクデロ競飛王を下げて望月嶺臣を投入してきた。望月のほうがバランスを取るのに長けている。闘莉王の空けたスペースをカバーするための望月投入。つまりアンカーの闘莉王が前線で猛威をふるうためにポジションを上げてくるということだ。

濡れたピッチに慣れて少しずつボールが収まるようになってきたところで、カタさんは63分、左シャドーの馬場賢治に代えて清本拓己を送り込んだ。さらに74分には闘莉王のケアで疲労した姫野を下げて川西翔太。前節のジェフ戦ではシャドーの位置で途中出場し目の覚めるような駄目押し決勝ゴールを奪ったテクニシャンが、今節はボランチで闘莉王を牽制しつつ守備から攻撃への切り替えに尽力した。このずぶずぶのピッチコンディションも意に介さずプレーできるのが、川西の川西たるところだ。

両軍とも最後の交代カードは攻撃に懸けるのみ。サンガが闘莉王を下げて2トップに変更すると、カタさんは林容平を下げて三平和司を1トップに据える。守備をあまり得意としないボランチの宮阪政樹までが懸命に体を張って、サンガの威力ある攻撃をしのぎ続けた。

このままぐだぐだのピッチに足を取られながら、スコアレスで勝点1を分けあうことになるのか。

そう思っていた88分だった。中盤で宮阪と協力してボールを奪った川西が松本怜とのワンツーを経て、絶妙なタイミングでスペースに抜け出した後藤優介へとスルーパス。後藤がそれをマイナス気味に折り返すと、相手守備陣を引き連れながらゴール前に走り込んできた三平が潰れ役となり、その背後から清本がグラウンダーで流し込んだ。ここまでは何度もファインセーブでしのいできたサンガの守護神・清水圭介も懸命に飛びついたが間に合わず。

うおおおおおお！

冷たい雨に打たれつつ懸命に応援していたトリサポたちが、歓喜に弾ける。

最後までどんな事故が起きるかわからないという状況下での試合を、2戦連続ゴールとなった清本の決勝弾で締めくくり、途中出場の川西と三平もそれに絡んでの勝利。ピッチコンディションにもめげず最初に準備してきた戦術を貫いて手にした勝点3は格別だった。

気づけばカマタマーレ、ホーリーホック、ジェフ、サンガを続けざまに下して4連勝。今節の結果をもって、トリニータは首位に躍り出た。

降り続いた雨の晴れ間、ハーフタイムに虹が架かったのを、多くのサポーターたちが見ていた。

あかん。昇格してしまう。

心が期待に満ちながら、時はまだ4月。誰もそんなことは、むしろドキドキして口に出せない。

◆こんなところでは終わらない

トリニータで顔面偏差値の高さナンバーワンを誇るのは松本怜だ。

北国出身の色白でシュッとした輪郭に、涼やかな切れ長の目。端麗な容姿にして50メートルを5．8秒で駆け抜けるスピードスター。

雑誌やテレビの取材ではしばしばイケメンキャラを前面に押し出した企画に登用され、カメラ目線で女性ファンを悩殺するセリフを言わされたりもしている。大して照れもせずにさらりと演じてのけるところがまた小憎らしい。当然、女性からは大人気だ。

だがそれ以上に松本は、男性からの人気も高かった。クールな見た目とは裏腹な、気骨あふれる男なのだ。

松本には譲れない思いがある。

トリニータへやってきたのは２０１３年、チームが４年ぶりにＪ１に昇格したシーズンだ。早稲田大学を卒業して横浜Ｆ・マリノスでプロになって４年目の、期限付き移籍。名門マリノスでの３年間は出場機会も乏しかったが、同じカテゴリーで戦うことになるトリニータへの期限付き移籍の話を持ちかけられたときには少なからずショックを受けた。

「俺はこのチームには必要とされていないということなのか……」

忸怩として移籍を受け入れ、SNSでマリノスのサポーターにしばしの別れを告げるとき、こんな言葉で成長を誓った。

「俺はこんなところでは終わりません！」

24歳の強い決意は、だが、意に反してトリサポの反感を刺激することになる。

「ひどい！　〝こんなところ〟ってなんだよ！」

もちろん松本にそんな意図はないのだが、応援するクラブに無情の愛と誇りを抱くサポーターは、なにかと過敏になりやすいのだ。

そんなふうにちょっと躓いた感じではじまった、トリニータとの出会い。しかも、文句なく先発の座を勝ち取った開幕戦でいきなり負傷し、さらにもう一度怪我をして、その影響で戦線離脱を余儀なくされた。結局、シーズン通算成績は8試合出場1得点。4年ぶりにJ1で戦ったチームは惨憺たる戦績でJ2降格となった。

その時点で、マリノスに戻る選択肢もあったのだ。だが、松本は期限付き移籍期間を1年間延長した。

Ｊ２から再昇格を目指した２０１４年は、最後まで上位をキープしながら、勝点わずか1足りず昇格プレーオフ圏内を逃す。チームの雰囲気が最高だっただけに、あまりに無念なＪ２残留だった。

「僕はまだここに来て何も成し遂げていないので」

松本はそう言ってトリニータへの完全移籍に踏み切る。いつしかチームだけでなく、大分の街が大好きになっていた。

良くも悪くも、トリサポはやたらとあたたかい。マンションのご近所さんは顔馴染みだ。転居した直後にグラウンドを走っていたら、練習見学に来ていたオジサンに「あんた最近、どこに引っ越したんかえ?」と訊かれたりする。そのあまりに近い距離感にしばしば戸惑ったりもしながら、松本は大分の男になっていった。

その矢先の、まさかのＪ３降格だ。降格圏で足掻いていた２０１５年終盤、一度だけチームに対して苦言を呈したことがある。それまでどんな状況になっても決してネガティブなことを口にせず、あらゆる思いは胸の中で前向きに転じてから言葉にしてきた松本が、「俺がこれを言うことで何かが変わるのなら」と決意して選んだ最終手段。多分あのシーズンを戦った選手の誰もが、自分なりに何らかの打開策を手探りしていたはずだ。だが、それでも誰もトリニータの負のスパイラルを断ち切ることはできなかった。

当然、カテゴリーが落ちれば年俸も下がる。生活があるからと次々に移籍していくチームメイトを横目で見ながら、「そんな簡単に思い切れるものなのか」と松本は悶々とした。トリニータをあるべき場所に戻さなくてはならないという責任感からも逃れられず、悩んだ末にＪ３で戦うことを選択した。

覚悟していた以上にＪ３は厳しかった。真夏でも日中のキックオフ。灼熱のピッチは芝もボロボロだ。アウェイ戦でもトリサポのほうが多いくらいの、ガラガラの観客席。ロッカールームはサッカー部の部室に毛の生えたようなレベルで、移動も含め何もかもがハードだった。

それを乗り越え、Ｊ３優勝してのＪ２復帰。２０１７年からは右ウイングバックのレギュラーとして、カタさんの下、新しいスタイルの構築に勤しんだ。

プレーの質が目に見えて高まったのはその頃からだ。自慢のスピードは健在なまま、動きに細やかさが増し、クロスの精度も上がった。もともとサッカーＩＱは高いタイプだ。青森山田高校時代には黒田剛監督の先進的な戦術にも対応し、アシンメトリーな布陣のサイドハーフでプレーしたりもしていた。そういうポテンシャルも、絶えず相手との駆け引きを求められるカタノサッカーの中でさらに磨かれたのだろう。２０１７年にはプロになって初の3得点を挙げた。

次第にオプションを増やしながら進化していくカタノサッカーの中で、自身もまた組織の一員としての役割を重くしながら、松本はトリニータとともにＪ１に戻る日を目指し続ける。マリノスと対戦するのが楽しみだ。

◆続出！　それぞれの〝カタノサッカー封じ〟

好調であればあるほど、対戦相手からの研究や対策も進む。カタノサッカーは明確な特徴を持つスタイルだけに、潰すべきポイントも絞りやすい。

4―4―2のボランチの一枚が守備時には最終ラインのいちばん右に落ちて5―3―2となり、攻撃時にはまた戻って4―4―2になる〝可変システム返し〟を仕掛けてきた水戸ホーリーホックを皮切りに、多彩な〝カタノサッカー封じ〟が登場することになる。

第9節で対戦した横浜FCを率いるのは、昨季10月に就任したブラジル生まれの指揮官・タヴァレスだ。複数のシステムや戦い方を使い分けながら、ここまで3勝3分2敗。最初の2試合はアンカーシステムの4―3―3で、続く2試合はトップ下を置く4―3―3。そこからまたアンカーシステムに戻したかと思うと今度は中盤をコンパクトなダイヤモンド型にした4―4―2で、直近の2試合は4―2―3―1でスタートしている。

トリニータに対してどんな形で臨むかはわからなかったが、いずれにしても最も警戒しなくてはならないのは二人。最前線に君臨するストライカーでノルウェーとモロッコのダブル国籍を持つ190センチのイバと、その周囲を自在に動き回るレアンドロ・ドミンゲスだ。組織力というよりは個々のタレント性を生かす配置で対戦相手を上回って勝つチームなので、彼らに自由に仕事をさせないために、彼らを生かす周囲を事前にどう抑えていくかが重要だった。そうなると、あらかじめフォーメーションが読めないのは難しい。特にレアンドロ・ドミンゲスのポジショニングによって、誰がマークにつくのかを明確にしておきたかった。

いざ試合がはじまってみると、横浜FCのフォーメーションは4―3―2―1。守備に重きを置く意図だと思われる。トリプルボランチで中を固めてトリニータのシャドーをケアしに来たのだが、その3人の並びが特徴的だった。セオリーどおりに中を固めるなら、3枚のうち最も守備力の高い渡邊一仁が真ん中に置かれるはずだ。だが、この試合で真ん中に入ったのは、むしろ3枚のうちで最も攻撃的な佐藤謙介。その右に渡邊、左に中里崇宏という配置だ。

タヴァレス監督はそういうことを時々やっていて、相手のストロングポイントを封じる狙いで守備に強い選手を前方に置いたりする。守備にはあまり期待できないレアンドロ・ドミンゲスのサポート役として、その近くに配置することもある。一般的なフォーメーションの常識的な役割にとらわれることなく、手持ちの駒を使った相手対策として柔軟にタスクを課している様子だ。

というわけで、今回のトリプルボランチも、トリニータのシャドーをケアするだけでなく、実にシステマティックに、トリニータの戦術の肝であるサイド攻撃を潰しに来た。トリニータが左サイドでボールを持てば、渡邊が右サイドバックの北爪健吾と協力し、トリニータが右サイドの突破を図ろうとすれば、中里が左サイドバックの武田英二郎と連係して、トリニータのウイングバックの攻め上がりを阻む。

横浜ＦＣのそんな守備的戦術につきあうように、トリニータの攻撃はスピードアップできない。なんとかクロスまでは行けても中で跳ね返され、サイドがダメなら中央からとポストプレーで落としても、決定機を仕留めきれず。そうこうするうちに25分にＰＫを与えてしまい、イバにきっちり沈められて先制を許した。

守備的な相手に先制されるという最悪な展開。さらに守備を固められれば、こじ開けるのは困難だ。どう打開すればいいのやら……。カタさんは引いた相手を崩すために、姫野宥弥に代えて個で局面を上回れる川西翔太をボランチに入れた。

だが、同時に予想外の出来事が起きた。後半頭から横浜ＦＣがシステムを変えたのだ。右サイドバックの北爪をベンチに下げ、韓国人アタッカーのジョン・チュングンを投入する。

これは……5バックにして守備固めをするのか？

訝りながら見守ると、どうやら渡邊を右サイドバックに下げてジョン・チュングンを右サイドハーフに置く4―4―1―1とし、むしろ攻撃的な性格の布陣へとシフトしている。ちなみに渡邊は右サイドバックは初体験というおまけ付きだ。

スタートの戦術が上手く機能して先制もしているのに、なにゆえわざわざリスクを負って攻めに出るのか。普通は逆だと思うが、敵将タヴァレスは「勝点3を取りに行きたかった」と、まるでビハインドのようなコメントをしてこれを敢行した。実はタヴァレスは第5節の山形戦でも、3点リードした状態からさらに追加点を奪いに出て1点差にまで追い上げられた〝前科〟がある。今節もこの強気な変更が、それまでは完全に抑え込まれていたトリニータのウイングバックとシャドーに、風穴の空いたような自由を与えてくれた。

慣れないサイドバックで奮闘する渡邊と守備に戻らないジョン・チュングンの間、そして2枚になったボランチ脇のスペースを使って、川西も絡みつつトリニータの左サイドが活性化する。鎖から解き放たれたように星が躍動しはじめ、早速53分に同点弾が生まれた。馬場賢治からのパスを受けた星がドリブルで切れ込みつつ低いクロスを送ると、ゴール前に入っていく後藤に相手センターバックがつり出された、その隙を突いてフリーで駆け上がってきた松本怜が、鋭い弾道でゲットゴール。

オープンな展開で互いに見せ場を多く作りながら、どちらも守備陣の粘りにより得点ならず、試合は1—1のまま終了。トリニータの連勝は4でストップした。ただ、それよりも数ある決定機を仕留めきれなかった反省のほうが大きい。「こういう試合を勝ちきれるようにならないと」と、選手たちは悔やんだ。

敵将の強気な采配によりラッキーな勝点1を拾った第9節に続き、第10節のツエーゲン金沢戦でも、トリニータは苦しい展開から起死回生の勝利を掴む。

ツエーゲンは右サイドハーフが守備時に最終ラインまで下りて5バックになり、トリニータに数的優位を作らせない。トリニータはこの可変システムに対応できず、ほとんどの時間帯を劣勢で耐え続け、なんとか無失点でしのいでいた。だが、このままスコアレスドローで終わってくれれば御の字と思っていた90＋3分、それまでは完璧だったツエーゲンの守備に一瞬のほころびが生じる。その隙を突いた丸谷拓也が、この試合唯一のゴールを奪った。

J2という魔境で、さまざまに趣向を凝らした〝トリニータ封じ〟に苦心させられながら、チームは地道に勝点を積み上げていく。

◆勝って激怒する日もある

「ダメです‼　こんなの、首位のチームじゃありません‼」

第11節のFC町田ゼルビア戦を終えて記者会見場に現れたカタさんは、怒りに声を震わせた。涙目のようにも見える。

断っておくが、ついさきほど勝利したばかりの試合後会見だ。このプリプリの激怒は会見のみならず、DAZN中継の試合後インタビューでも同じテンションで炸裂し、全世界へと配信された。

なにしろ試合中にテクニカルエリアで躍動するカタさんは、シュートが枠を外れると髪を掻きむしり、試合後には芸術的なヘアスタイルになっていることもある。髪の乱れ具合は試合の激しさのバロメーターだ。だがこの日はその針が振り切れる勢いで、まさに怒髪天を突いていた。

勝ったのに。

たとえ勝利してもこんなにも指揮官が激怒する勝ち方があるのだと、この一戦であらためて認識した。

ゼルビアとのマッチアップは毎回、とても面白いことになる。トリニータを率いるカタさんが自身の目指すスタイルをピッチで表現し続けるように、ゼルビアの相馬直樹監督も、明確な独自のスタイルを貫いて戦っているからだ。3―4―2―1のフォーメーションで幅と奥行きを使って伸びやかにボールを動かしながら攻めるカタノサッカーと、4―4―2を縦にも横にもコンパクトに保ち、球際に人数をかけてタイトな守備からリズムを作っていく相馬ゼルビア。そんな噛みあわせだから、他の試合以上に互いの特徴が出やすい。トリニータはゼルビアの大外でボールを縦横に動かして揺さぶりをかけ、ゼルビアは縦横に走りながらコンパクトな陣形を保つ。ボールを奪うとゼルビアは、前線に据えた高さも強さもあるフォワードめがけてフィードを送り、直前まで攻撃に人数をかけていたトリニータの守備網が整う前にゴールを破ろうとする。

距離感をコンパクトに保って戦うチームは大抵、サイドで奪い切るのに失敗した瞬間に、逆サイドにボールを振られて大ピンチに陥る。全員が極端なまでに球際に寄っているので、逆サイドには相手選手しかいない。寄っていたサイドでボールを奪い切ることを前提としているからこその戦術だが、奪い切れなかったときのリスクが大きすぎる。それで次第に、誰か一人は必ず逆サイドに残しておこうという妥協点へと落ち着くことになる。

だが、相馬監督は徹底してそれを拒んだ。むしろそういう発想が辞書にないレベルでコンパクトさを貫いていた。当然、どの対戦相手も逆サイドを狙ってくる。そこは「頑張って逆サイドにスライドする」というスポ根方式でカバーした。これはこれでカタさんとは違う方向に振り切れていて素晴らしい。

そんな両者のマッチアップが、昨季はリーグ戦2試合と天皇杯の合わせて3度あった。第15節アウェイ戦は、揺さぶり作戦が奏功したトリニータが主導権を握るが、ゼルビアもセットプレー2発で得点して2―2のドロー。そのちょうど1ヶ月後に野津田で行われた天皇杯2回戦は、先手を取るトリニータがゼルビアを振り回して4―2で勝利した。だが、第27節のホーム戦ではトリニータがゼルビアのハードワークの前にスタイルを封じられ、1―3で敗れている。

スタイルをぶつけ合う戦いは、いわばサッカー哲学のぶつかり合いでもあって、指揮官にとっては存在そのものの対決でもある。天は人の上に人を造らず人の下に人を造らないが、得点はそのマッチアップにおけるチームの優劣を容赦なく決定づけるのだ。意地を見せるしかない。

かくもアツい二人の4度目の対戦が、カタさんの激怒を引き起こした。

実は試合は続出するアクシデントにより、開始早々に壊れていたのだ。キックオフ直後、刀根亮輔が最終ラインから逆サイド前線へと送った大きなフィードに飛び込んだ馬場賢治のシュートは枠をとらえきれなかったが、これに手応えを得た馬場はその2分後、右サイド松本怜からのクロスを胸トラップして持ち込み、冷静に流し込んで先制点を奪う。幸先のいいスタートとなったが、12分、ゼルビアのセットプレーのこぼれ球を拾って伊佐耕平がカウンターを繰り出そうとしたとき、最初の事故が起きた。ゼルビアのセンターバック深津康太が、伊佐を止めようとその腰を抱きかかえ、一発退場の判定を受けてしまったのだ。

ゼルビアにとっては、ディフェンスリーダーでチームの精神的支柱でもある深津がいなくなる緊急事態。相馬監督は右サイドハーフの吉濱遼平をベンチに下げてセンターバックの藤井航大を深津の位置に入れるとともに、左サイドハーフの中村祐也を右に回し、2トップの一角で出ていた杉森考起を左サイドハーフに下げて、4—4—1の布陣で残り80分をしのぐ応急手当を施した。

29分にはトリニータ側にも想定外の事態が起きた。後藤優介が足の痛みで自ら交代を求め、清本拓己へとチェンジして予定外のカードを切る。だが、31分には宮阪政樹の左サイドへの展開を起点に、星雄次と伊佐が繋いで馬場が2点目。45分には星の折り返しを馬場が沈めてハットトリックを達成した。

この試合の開始前にクラブから「あと3点でトリニータのJ2ホーム通算300得点」というアナウンスがあったのだが、まさか前半のうちにその記録が達成されるとは、誰も想像していなかった。

◆ターミネーターが追ってくる

前半だけで3―0。

相手は退場で1人少ない。

まあ、このまま大勝するでしょう、と、大多数の人は思っていたはずだ。

相手がゼルビアでなければ、そのとおりになったかもしれない。だが彼らは、とてもそんな一筋縄では行かないのだ。ハードワークが信条で球際に激しく当たるゼルビアは、必然的にファウル数も多くなる。それで退場者を出すことも増えるのだが、なんとこれまで、退場で数的不利になったほとんどの試合で負けたことがないという。

すごいなーと他人事に思っていたゼルビアの真骨頂を、トリニータはこの試合で、まともに体感することになった。

大量リードや相手の退場は、往々にして試合を難しくする。それが試合前半に同時に訪れたので、カタさんはハーフタイムに選手たちの気持ちを引き締めたのだが、残念ながら指揮官の懸念は現実になってしまった。

後半開始早々の47分、左コーナーキックの流れからゼルビアが1点を返す。2点差に詰め寄り勢いを増したチームを見て、敵将は56分、4―4―1の頂に鈴木孝司を送り込んだ。2015年のJ2・J3入れ替え戦で、第1戦で2得点、第2戦で1得点を挙げてトリニータを奈落の底に突き落としたストライカーだ。この〝大分キラー〟をめがけてゼルビアはひたすらボールを放り込む。67分にはキックの得意な平戸太貴を投入し、キラーへの配球の精度を高めた。

とにかく点を取りにいくという明確な指標の下に一丸となってゴールを目指すゼルビアとは逆に、トリニータのほうは2点のリードを守るのか、追加点を取りにいくのかが曖昧になった。ボールは握っているのだが、攻守のどちらにパワーを割くのかがいまいちはっきりしない。そうこうして決定機を外すうちに、迷いなく戦うゼルビアのほうが球際や総力で上回り、試合の流れを引き寄せていった。

そんなゼルビアの底力を試すように、サッカーの神様はさらなる試練をもたらした。78分、10人のチームをタフなプレーで支えていたロメロ・フランクが負傷し、すでに3枚のカードを切り終えていたゼルビアは9人で戦わざるを得なくなる。残り10分以上も9人で走らせようとする神様もサディスティックすぎるのだが、ここまで来ると10人でも9人でも関係なく見えるのがゼルビアのすごいところだ。得意のハイプレスを封印すると、ロメロを欠いた4―3―1でブロックを固めてトリニータの攻撃をひたすら阻む。8人で守っていても前線に大分キラーが残っているので攻撃への切り替えは問題ない。キラーにボールを預ければ一人でなんとかしてくれると、チーム全員が信じている。

カタさんは79分、疲労した馬場を下げ、相手の力をいなすのが得意な三平和司をピッチに入れた。三平は早速チャンスを演出するが、これもゴールには結びつかない。傾く流れは加速し、84分にはクロスに飛び込んでゼルビアが2点目。3点あったはずの貯金はすでに1点分しか残っていない。

これは追いつかれるのでは……。

もはや嫌なムードというレベルを通り越し、エマージェンシーランプが高速で点滅している。2―0は「危険なスコア」、3―0は「大差ないスコア」。サッカー界では4―0までが「アーセナル的危険なスコア」と呼ばれ、「夢スコア」と呼ばれる5―0になるまでセーフティーリードとは見なされない風潮がある。にしても、これは……。

このままでは埒が明かない。カタさんは88分、屈辱の交代策に踏み切った。星を下げて守備のスペシャリスト・竹内彬を最終ラインの真ん中に置く。鈴木義宜と刀根亮輔の2人のセンターバックをその左右に配置し、左センターバックだった福森直也をウイングバックに一列上げてディフェンスを強化。攻撃志向のカタノサッカーでは通常、終盤の守備陣投入はリードを守りきるための最終手段だ。いや、確かに今も「リードを守りきらなくてはならない状況」ではあるのだが、それとは意味合いがあまりにも違う。

90分、カウンターで抜け出した清本のパスを伊佐が流し込んで、ようやくトリニータが4点目を入れた。この時間帯に2点差に突き放せば、さすがに逃げ切れるだろうという状況になる。

だが、さすがのゼルビアは最後にもう一矢報いた。90＋3分、フリーキックに合わせてのヘディングシュートで3点目。試合はそこでタイムアップした。

3―0の状態から完全に流れを明け渡し、ターミネーターのように追ってくる相手から4―3で辛くも逃げきった試合。しかも相手は2人の数的不利だ。カタさんが激怒するのも無理はない。何よりも大味の試合を嫌っている。勝利しても全く喜べない現実に、チーム全員が反省モードで首を垂れた。

今度こそと臨んだ第12節はJ1から降格してきた大宮アルディージャとの戦い。善戦しつつも、戦力個々の力量差による地力の差を見せつけられて敗れる。だが、中2日で今季初の連戦となった第13節・アルビレックス新潟戦には那須川将大や國分伸太郎が初先発していずれもいい働きを見せ、これまでのバックアップメンバーにも着実に戦術が浸透していることを感じさせた。

◆跋扈《ばっこ》する変態フットボーラー

ゼルビアの相馬監督もそうだが、Ｊリーグチームを率いる監督には突き抜けたレベルで独自のスタイルを標榜する人たちがいて、ラディカルな変態サッカーを繰り広げている。ここで言う「変態」はもちろん、最大限の賛辞だ。

ＦＣ岐阜の大木武監督は、その「変態」の中でも屈指、「キング・オブ・変態」の称号にふさわしい。ヴァンフォーレ甲府を率いていた頃から「スモールフィールド」をキーワードに、至近距離での流動的高速パス交換で相手守備網を侵食していくスタイルを繰り広げてきた。京都サンガを率いた時代にそのサッカーはさらに磨かれ、リズミカルな高速ボール回しはスペクタクルを極めた。

２０１１年から2年間トリニータでプレーした三平和司は、２０１３年からはサンガで大木監督の指導を受けて２０１５年に再びトリニータに復帰したが、帰ってきたときには中の人が変わったのではないかと思えるほどプレースタイルが変貌していた。かつての三平は直線的なスピードを生かした裏抜けが得意で、ダイナミックにクロスに飛び込んでは得点を量産していたのだが、すっかりテクニカルな足元自慢のプレーヤーと化していたのだ。これぞまさに大木サッカーの影響だった。

２０１３年にサンガを退任し、３年後に岐阜の監督に就任してからの大木サッカーには変化が見られた。初めてそれに気づいたときにはだいぶ驚いた。

なんだと！　スモールフィールドじゃないだと！

流動的な高速ボール回しは健在だが、４―３―３のウイングが大きく幅を取っている。攻撃の形は主にセンターフォワードに配置する選手によってパターンが異なり、たとえば風間宏矢であれば、ゼロトップ気味にボールを組み立てに下りるのと同時に、インサイドハーフが前に出てウイングが切れ込んでくる。ライアン・デ・フリースや難波宏明を頂点に置くときには、彼らを前に張らせてサイドからクロスを入れる。相手の守備との兼ね合いによって攻撃方法が選ばれる中で、古橋亨梧や田中パウロ淳一といったスピードと機動力に長けるサイドアタッカーが勢いよくゴール前へと入ってくるのは脅威だった。

そんな大木サッカーと初対戦した２０１７年Ｊ２第12節、カタさんは４―４―２の布陣を採用し、ブロックを組んで守備から入った。メンバーは第11節の松本山雅戦と同じだが、山雅戦の３―４―２―１から時計回りにスライドさせて形成した４バックで、奇襲的でもある。２トップは状況に応じて縦関係となり、１枚が岐阜の攻撃起点となるアンカーの庄司悦大をマークした。ブロックの中では縦パスを入れられた瞬間にそれを潰しに行き、サイドではこまめにマークを受け渡しながら岐阜のウイングをケアした。岐阜のパスワークを無理に断ち切ろうとして失敗すれば、剥がされて一気にピンチになる。「食いついたら負け」な感じで、封じるにはブロックを組んで危険度の低いところで回させながら、狙いを絞ってボールを奪うのが得策だという考えだった。そうやってボールを持ったら即座に岐阜の最終ラインの背後を狙って蹴り、前がかりになっている岐阜の手薄になったところを突いてカウンターで反撃する。

この策は奏功し、粘り強く耐えながら狙いどおりの形で得点すると、試合には2―1で勝利した。岐阜のポゼッション率は70％近くに上り、パス数は実に９３４本を計上した。「典型的なそういうゲーム」というレベルではない。「極端に典型的なそういうゲーム」だった。

続く第13節、風間八宏率いる名古屋グランパスにも似た戦法で対応してこちらでも結果を出し連勝する。だが、それはカタノサッカーの枠組みからは外れた戦い方だった。相手に合わせて戦い方の根っこを変えなくてはならないのは屈辱的だ。カタノサッカーで世界征服を成し遂げるためには、自らのコンセプトを貫いた上で、他のすべてのスタイルを上回らなくてはならない。

２０１８年、カタさんはそのミッションに挑んだ。

◆変態には変態で応戦だ！

それは、変態対変態の闘いだった。

怒涛の高速ショートパスで相手を翻弄する大木サッカーに対し、前年は敢えてその攻撃を受けることで封じたカタさんだったが、今回は受け身なままでは終わらなかった。岐阜は岐阜で、過去の失点の多さを克服すべく、前年よりも守備のアグレッシブさを増している。それをかいくぐってボールを前に運んでいく強さを見せるのが、２０１８年バージョンのＦＣ岐阜戦のテーマだった。

それをクリアするためにカタさんがピッチに並べたのは、前回対戦と同じく４バックシステムではあるが、今度は４―４―２ではなく４―３―３の布陣。岐阜と同じフォーメーションだ。相手にボールを持たれることを想定し、それでも重心が低くならないよう枚数を合わせて中盤を厚くした。ブロックを作るときには４―５―１の形を取ることになる。岐阜のウイングの田中パウロ淳一と古橋亨梧に前向きで仕掛けるスペースを与えないためにも、いつもの５バックでスライドして４バックになるのではなく、最初から４バックの状態を作っておいたのだ。岐阜の１トップに対して３枚で守る必要もない。

そしてもうひとつ、岐阜には抑えなくてはならないポイントがあった。左インサイドハーフの小野悠斗がセンターバックと左サイドバックの間に下り、相手のプレッシャーのかからない状態で、前線のスペースへとフィードを送ってくる。そのフィードを岐阜の攻撃陣に収められるとたちまち高速パスワークに振り回されることになりかねないので、事前にそのフィードを封じておきたかった。だが小野に対し、トリニータのウイングの後藤優介が寄せれば、岐阜の左サイドバックがフリーになって攻められてしまう。それで後藤はサイドバックをケアしながら、最終ラインに下りた小野には、トリプルボランチの右に入った小手川宏基が寄せるようにした。これなら小手川が前に出ても、残るボランチ2枚がスライドして中央を固めれば、守備に大きな穴が空くことはない。

この繊細で難易度の高いタスクを、小手川は完璧にこなした。小手川だからこそこなせたのかもしれない。大分生まれの小手川は、現在は町田ゼルビアでプレーする井上裕大、セレッソ大阪でプレーする清武弘嗣と同い年で、3人は小学生の頃から地元の注目を浴びて育った。井上はU—15からトリニータに入り、清武も途中でU—15に編入。小手川は名門の町クラブ・カティオーラFCで中学時代を過ごしたあとU—18からトリニータに加入して、2007年に揃ってトップチームに昇格した仲良しトリオだ。優等生の井上、天才の清武、やんちゃな小手川と三人三様にキャラクターが立っていた中で、小手川は高校生の頃から、いい意味で抜け目のなさを際立たせていた。効率的に勝負に勝つ術を本能的に知っているようなところがある。サッカーだけでなくテレビゲームでも高い勝率を誇り、チームメイトからはいつも「絶対やり込んでる」と疑われるが、本人は別にそういうわけでもない。

「どうしたら楽に勝てるかをひたすら考えてるだけ」

淡々と笑いながら、ちょっと人とは違う勝負勘を匂わせていた。

ただし、派手なプレーで喝采を浴びるタイプではない。チームの中で背負う役割はどちらかというといつも地味で、目立った活躍をすることは少なかった。それでもつねに〝陰のマン・オブ・ザ・マッチ〟といった風情で、見えないところでキーマンとなる。まさにこの試合でもそうだった。

だが、小手川がそういうタイプのプレーヤーになったのは、割と最近のことだ。かつては前線で得点に絡んだりサイドバックから勢いよく駆け上がったりする選手だったのだが、20歳だった2010年、試合中に骨折。全治3ヶ月のはずが後遺症に苦しみ、何度かメスを入れ直して、1年半に及ぶリハビリの末に復帰した。以後、怪我の影響とつきあいながら自分なりに模索して、このスタイルにたどり着く。2017年、移籍していたギラヴァンツ北九州から戻りカタさんの下でプレーするようになって、初めて本格的にボランチで起用されてから、いろいろと試行錯誤を重ねていた。本人は「まだどうすればいいのかずーっと迷いながらやってるんだけど」と言うが、カタさんは小手川の戦術理解力を、つねに高く評価していた。

そういった狙いもハマり、試合は立ち上がりからトリニータがペースを握った。決定機を逃すうちに44分にコーナーキックから先制点を奪われたが、48分には伊佐耕平のゴールで追いつき、後半は両指揮官の采配合戦も含めた攻め合いとなる。

終盤になっても岐阜の勢いは落ちず、1―1で終われば合格点かと思っていたアディショナルタイム、またしてもトリニータに幸運が転がり込んだ。90＋2分、小手川の浮き球スルーパスから清本拓己が打って岐阜の守護神ビクトルに阻まれたこぼれ球を、三平和司が左足でシュート。ボールは相手に当たりポストに跳ね返って再び相手の足元へ。そのときゴールラインを割ったと副審がフラッグを上げた。

いや入ってない、入ってたと両軍入り乱れる大騒ぎになり、映像で確認するも角度によっていかようにも見え、ピンボールのような弾道の行方はきわどいところ。すべてはレフェリーの判定ということで得点が認められ、素晴らしかった変態対変態の闘いの結末は、ちょっとばかり微妙で劇的なトリニータの勝利で決着した。

◆立ちはだかる敵将はマクリの名手

第15節は白熱の首位攻防戦となった。2位につけるレノファ山口FCは、このシーズンから指揮を執る霜田正浩監督の下、攻守にわたってインテンシティーの高い、躍動感あふれるサッカーで好調を維持している。霜田監督もカタさん同様、クールな戦術家でありつつアツさが前面に出てしまう指揮官だ。

確かこの2週間後の第17節、フクアリでのジェフユナイテッド千葉戦だったと思う。17時キックオフの試合はシーソーゲームとなり白熱した。試合終盤、1点リードしているジェフの選手に疲労が見えた時間帯を勝負どころと見た霜田監督は、立て続けにカードを切りボルテージを上げる。ピッチの選手たちもありったけの力を振り絞るように追撃の勢いを強めた。DAZNのピッチリポーターが叫ぶ。

「陽が沈みスタジアムの気温は下がっていますが、霜田監督、燃えております！　あっ、いまジャケットを脱ぎました！」

アツい、アツいよ！

そして90＋4分、レノファは猛追の末に前貴之のゴールでついに同点に追いついてタイムアップ。

反対側のベンチでは最後の最後で勝点2を失ったエスナイデルがタオルを地に投げつけている。終盤からのレノファのクレッシェンドぶりは、素晴らしいエンターテイメントだった。

そんな霜田監督が採用するシステムは前節対戦した岐阜と同じ4―3―3。アンカーの三幸秀稔が最終ラインに落ちて攻撃の起点となるところも共通している。そうなると岐阜戦で上手くハマった戦術が、そのまま転用できるはずだ。2017年も岐阜戦とその次のグランパス戦で同じ戦い方をして結果を出した実績があった。

だが、残念そこはカタノサッカー、前節と同じ手は使わなかった。霜田監督がそれを読んで手を打ってくる可能性もあったし、それよりももっと自分たちのベースの形で相手を上回りたい。世界征服のために、カタさんはこの試合でもさらなるチャレンジを仕掛けた。

とは言っても、トレーニングではぎりぎりまで3―4―2―1と4―3―3のどちらのフォーメーションで行くかを考えていた様子だった。最後に強気の3―4―2―1に傾きつつ、3バックの右にボランチもこなせるファン・ソンスを配置して、交代カードを切らずとも4―3―3へとシステム変更できるようリスクマネジメントの態勢も取った。このファン・ソンスという男のマルチロールぶりはハンパないのだ。2010年にジュビロ磐田でプロデビューした当初はフォワード登録だったが、その後、最終ラインやボランチ、サイドハーフでも使われるようになり、フィールド全域が主戦場となった。カタノサッカーにおいては、対人に強い攻撃好きな守備的プレーヤーとして、ボランチと3バックの左右、ときには中央に配置されることが多い。それほど主力として活躍しているイメージはないが、2017年のベストバウト、第41節アウェイ徳島戦にトリプルボランチの右として出場し、「こんなデキる男だったのか……」とサポーターを驚かせた過去がある。

そうやってスタートした試合は、やはりレノファのハイプレスに苦しむ立ち上がりとなった。よく整理された上に速く激しいプレッシングを前にプレー精度を落とされ、上手くビルドアップできない。

それでも11分に宮阪政樹のコーナーキックから馬場賢治がヒールで流し込んで先制すると、レノファの繰り出す多彩な攻撃を絶妙な間合いによる守備でしのぎつつ、1―0で折り返す。だが後半になるとレノファの勢いが増し、立ち上がり早々の47分に小野瀬康介の速いグラウンダークロスをオナイウ阿道に押し込まれ追いつかれた。押し込まれはじめた53分、松本怜のクロスに馬場賢治が合わせて再びトリニータがリード。カタさんはすぐさま馬場と林容平に代えて伊佐耕平と清本拓己の黄金のカウンターコンビを送り込み、〝戦術・伊佐〟の発動にかかった。

突き放されたレノファの勢いは増す一方だ。テンションを緩めないハイプレスはトリニータのボールホルダーの視野を狭め、伊佐と清本の動き出しを確かめる余裕を与えない。走力を生かすスタイルのチームにとって最もしんどい時間帯にさしかかってなお、レノファのインテンシティーは圧倒的に高かった。

◆本っつっ当に剥《は》がしたい！

いつもなら相手が疲れてカウンターが面白いように決まる展開なのに、勝手が違う。

そういえばレノファは前節の東京ヴェルディ戦でも、71分からの反撃で2点のビハインドを覆して4—2で勝利している。夏休みの最終日に徹夜して宿題を仕上げる子供のように、あるいは締切直前にならないと書くペースが上がらない記者のように、苦境に陥ると底力が出せるチームなのか。

そしてこの試合でもレノファの〝逆境ブースト〟は火を噴いた。65分にシステムを3—5—2へと変更すると、息つく間もなくクロスやシュートでゴールに迫ってくる。水際での必死の守備もむなしく75分、混戦からのこぼれ球を拾われミドルシュートを許して、スコアは2—2に。

逆転されてはならないと、カタさんは81分に後藤優介を下げて川西翔太を投入し、清本をトップ下に置いた3—5—2へとシステムを変更した。レノファの攻撃起点である三幸を清本にケアさせるための、ぶっつけ本番での施策だ。清本の献身的な役割遂行と川西のテクニカルなプレーによりトリニータが主導権を引き寄せると、そうはさせじと今度は霜田監督がカードを切った。65分に投入した選手がいまひとつ機能しないと見るや86分に別の選手に代えるという非情な采配だ。これはある意味では自身の見込み違いを認めるようなものだから、こういう交代を敢行する指揮官は本当に強く、相手に回すと怖いと思う。

互いに譲らぬ闘いはアディショナルタイムが尽きるまで続いたが、どちらのゴールネットも揺れず、激しさを極めた首位攻防戦は勝点1を分けあう結果となった。個々を調和させることで組織の力を増幅させようとするトリニータと、個の特長を引き出しながら時間経過とともに攻勢を強めていくレノファ。はたから見ればそれぞれのスタイルが真っ向からぶつかりあった名勝負だったが、戦い終えた両指揮官はともに頭を掻きむしらんばかりに悔しがった。

この展開で逆転できなかった霜田監督は、

「これが伸びしろなのか限界なのかを今後の試合で問われる」

と、自身とそのチームに突きつけるように、記者会見で語った。

一方のカタさんは、敗戦後のような表情だ。

何が悔しいって、最初のプランで勝ち切れなかったことだ。想定していたレノファのハイプレス。それをかいくぐってボールを運び得点を奪うという主導権掌握チャレンジは、結局、81分にプラン変更を強いられ失敗に終わった。前節のＦＣ岐阜戦では相手の攻撃起点である小野悠斗を抑えることで上回ったが、今節こそは相手に合わせて戦い方を変えることなく、優位に立ちたかったのだ。一戦での野望を打ち砕かれた指揮官は、体がねじ切れるほどの切実さで言った。

「相手のプレスを剥がしたい。本っっっ当に剥がしたい」

この「本っっっ当に」に込められたタメの、真に迫った様子は忘れない。

世界征服への道は、かくも困難だ。

◆27分で5失点!?

トラウマレベルの一戦として記憶に深く刻まれた試合がいくつかあって、2018年第16節、アウェイでのヴァンフォーレ甲府戦は、間違いなくそのランキング上位にマークされる。

なんせ、夢のような立ち上がりだったのだ。残念ながら悪いほうの。

試合の入りに失敗しての序盤での失点は、しばしばあり得る事態だ。いきなり3分に、宮阪政樹から鈴木義宜へのバックパスが少し弱かったところをかっさらわれると、フォワードにあっさりと沈められた。その1分後にも、今度は丸谷拓也の刀根亮輔へのパスを狙われ、同じような形で奪われて追加点を取られる。

実はヴァンフォーレはこの試合から新体制になっていた。率いるのはかつてレノファ山口にアグレッシブなスタイルを植えつけ、ＪＦＬからＪ２にまで昇格させた上野展裕監督だ。指揮官交代ブーストも働いた可能性がある。

3—4—2—1同士、真っ向勝負のミラーゲーム。ヴァンフォーレは激しいハイプレスを、トリニータのビルドアップに見事にハメて来た。ヴァンフォーレが前線からプレッシャーをかけてくるのは想定内だったのだが、真っ向勝負ながら奇襲レベルの不意打ちに、まんまとやられてしまった。

あまりに早い2失点に、選手たちはとりあえず自陣中央で円陣を組む。落ち着こうと声を掛けあい、立て直しを誓った。にもかかわらず、6分にまたも失点。右サイドを駆け上がる相手のドリブルを誰も止められないままペナルティーエリアまで運ばれると、パスをつながれて崩され、さらに失点。完全に相手の勢いにのまれて動揺していた。

こうなるとすべてが萎縮がちで、15分には浮き球のパスを相手センターバックにインターセプトされてしまう。センターバックはそのまま持ち上がると横パスを出し、フォワードがシュート。ポストに弾かれたところも相手に拾われ、前線に残っていたセンターバックに4点目を奪われた。さらに27分には、最終ラインから攻め上がるブラジル生まれの助っ人、エデル・リマのドリブルに見る見るラインを押し下げられ、流麗なワンツーに振り回された挙句の5失点目。

ちょっとーーー。開始27分で5失点って。

……夢だよね？

確かに現時点で「夢スコア」ではある。このまま行けば試合が終わる頃にはどんなことになっているのか、想像するのも恐ろしい。

挫かれた出鼻を引きずったように、攻撃ではプレースピードが遅く、判断も遅い上に悪くなる。守備では球際に寄せることができず後手に回った。最初に不意打ちされたあとは、完全に自滅だった。ようやく38分に福森直也の縦パスに抜け出した馬場賢治が1点を返したが、残り時間が50分以上あるといっても、すでにこの点差をひっくり返すのは現実的に不可能だ。

想定外の展開に、ベンチではコーチ陣が緊急会議を開いていた。対応する間もなくこれだけ点差がついてしまえば、もはやこのゲームをどう位置づけるかというレベルの話になる。3―4―2―1のビルドアップ方法は完全に研究されているので、4―4―2にシステム変更して反撃するという案も、あるにはあった。だが、カタさんとコーチたちはそれを思いとどまる。

「システムを変えて得点したとしても、それは自分たちの形ではない。今後のためにも、ここで逃げずに自分たちのスタイルを貫いてチャレンジさせたほうがいい」

カタさんは継続という結論に至り、前半をしのぎきると後半頭から二枚替えに踏み切った。一枚は、縦パスが入るところを相手に狙われ、いつものプレーが出来なくなっていた宮阪に代えて川西翔太。シンプルに展開する宮阪と違ってフリーダムに動き回る川西は、相手にプレーを予測されづらい。もう一枚は、細やかな連係での崩しを期待して1トップに置いていた三平和司から伊佐耕平へのスイッチ。トリニータの攻撃の肝である前線3枚のコンビネーションを断絶するために、ヴァンフォーレはトリニータの2シャドーにプレスをかけて押し下げ、三平を前線で孤立させていた。これでは三平の長所は出ない。強靭なフィジカルと勢いを誇る伊佐のほうが適役だ。

一方のヴァンフォーレは点差が開いたこともあり、矛を収めてブロックを構えた。今度はそれをどうこじ開けるかという図式になる。立ち上がりからペース配分を度外視してプレスに走ったヴァンフォーレの選手たちは、攻め疲れて足が止まっていた。77分、左右から揺さぶりをかけて後藤優介がテクニカルなシュートで2点目。3点差ならまあ仕方ないか……という気分になったところで、83分、ヴァンフォーレはブラジルからの助っ人・リンスを送り込んでくる。

出た！　仕上げのリンス。

2014年、ガンバ大阪でスーパーサブとして活躍したリンスは、試合終盤にゴールやアシストを量産し、トドメ要員のクローザーとしてサポーターたちから「仕上げのリンス」と呼ばれるようになった。ガンバを退団してから一度帰国したのだが、2017年夏にヴァンフォーレに加入し、ここでも仕上げる気満々らしい。シャンプーはすでに存分に終えている。

仕上げられてたまるかという思いも空しく、コーナーキックから6点目を奪われ、しっかりと仕上げられた。

◆ヒゲよさらば！　髪よさらば！

呆然とするしかないような試合が、シーズンに一度や二度、必ずある。戦術的に修正しなくてはならない部分もあるのだが、まずは選手たちのメンタルケアが先決だった。次の試合に向けて切り替え、結果を出すことがどうしても必要だ。

ヴァンフォーレ戦を終えてのオフ明け、グラウンドに現れた守護神・高木駿の顔はやたらのっぺりしていた。きれいさっぱりヒゲを剃り落としている。自分だけの責任ではないとはいえ、ゴールキーパーにとって6失点は重すぎる数字だった。

大丈夫かと声をかけようとした矢先に、高木の肩越しに見えたものに目を奪われた。

え、誰？

よく見ればキーパーの兼田亜季重だ。いつもきれいにセットしていた髪をばっさり切って、いや刈って、坊主頭になっている。これはあまりにもインパクトが強すぎた。

「あれ卑怯ッスよね」

と高木が笑った。

「朝、ヒゲ剃ってきてみんなに衝撃を与えようと思ったのに、あれをやられたんじゃね……全部持ってかれた」

兼田としては、自分は試合に出ていなくても失点はキーパー全員の責任だという意識でいる。それを身をもって表明したつもりだった。

キーパーチーム最年長の修行智仁が兼田の頭をぐりぐりと撫で回しながら「可愛くてしょうがねえなあ」と笑っている。キーパーチームでいちばん年下の韓国人、ムン・キョンゴンが「次はお前か？」と迫られ、韓流スターのように整えた髪を抑えながら逃げていった。練習後、「キーパー会」と称して4人で焼肉ランチに行ったらしい。

フィールドプレーヤーでは、馬場賢治が冷静に分析していた。

「流れからの失点の原因は明確なので、それについては修正しやすい。それよりも、失点を重ねたあとに腰が引けてしまい、状況を立て直せなかったことのほうが問題だった」

松本怜は2017年のことを引き合いに出す。

「去年も相手に研究されてからボールの動かし方を変えて乗り越えたから、今年もここからバリエーションを増やしていけばいい」

それぞれの向き合い方で選手たちが次の試合へと意識を切り替える中、カタさんが次はどう臨むかが興味深かった。いずれにしても戦術の幅は徐々に広げていくとして、まずは大敗を経験したメンバーを継続して起用するかどうかが気になる。ガラリと入れ替えて違う戦力を使うのか、また同じメンバーで戦って結果を出すことでチームを立て直すのか。どちらを選んでも一長一短だ。

第17節のロアッソ熊本戦に向けてカタさんの出した答えは継続だった。戦術的な理由で1トップを三平和司から伊佐耕平に変えたのみで、あとの10人は前節と同じメンバー。ある意味これが最も荒療治かもしれない。

なにしろ今節も前節と同じ3―4―2―1のミラーゲームだ。そして、ただ勝てばいいという試合ではなく、これまでに培ってきたスタイルを貫いて勝ち、自信を取り戻さなくてはならない一戦でもある。同じ失敗は繰り返せない。

落ち着いて奥行きを見定め、判断してプレーすること。

球際への寄せを緩めず、明確な基準の下に意思統一すること。

ロアッソ戦に向けてのトレーニングで、カタさんはあらためてチームコンセプトを徹底した。選手たちも本来のあり方を取り戻す。

前半は立ち上がりからロアッソの背後を突いてテンポよくボールを動かし、バイタルエリアでは斜めの動きを多用して相手守備網を崩した。インターセプトからの速い攻撃も繰り出して何度か好機を迎え、23分にコンビネーションを生かして馬場が先制弾を挙げる。

ロアッソは後半、4バックシステムに変更し、サイドバックが高い位置を取って数的優位を作った。50分には右サイドからのクロスにファーで合わせられたが、ポストが弾いてくれて命拾い。だが、流れは完全にロアッソに傾き、押し込まれる時間帯が増えていた。

カタさんに迫られた選択肢は二つ。相手に合わせて4バックに変更し、中盤を厚くしてボールを奪いに行くか。あるいはこのままのシステムで5―4のブロックを敷き、スペースを消しながら要所で潰してカウンターで逆襲するか。

結果、「奪いに行ってかわされたりスペースを与えたりすると危険」という判断を優先して、指揮官は後者を選んだ。やたらめったら強気を貫くわけではない冷静さとバランス感覚も、世界征服者には必要な資質だ。

一進一退の攻防の末、90＋1分に鈴木義宜が相手のクサビをインターセプトして最終ラインから持ち上がり、右サイドに展開して後藤優介がループシュート。これが決まって試合は2―0で決着した。トリニータにとっては7試合ぶりのクリーンシートだ。これで前節に悲惨なことになった得失点差も少し回復し、悪い流れも断ち切れたはずだ。

◆左サイドが火急的人材難に！

困ったことになった。

左センターバックの福森直也が怪我で離脱した。最終ラインからビルドアップするカタノサッカーでは、左センターバックの位置に左利きがいることは大事な要素だ。ゴールキーパーの高木駿もレフティーで、左利き同士のほうがスムーズにやりとりできる。

だが、レフティーでセンターバックをこなせる那須川将大も、タイミング悪く怪我をしている。さらに悪いことは重なるもので、左ウイングバックの星雄次も、試合前日に急に体調を崩してしまった。左サイドは火急的人材難だ。

そんなわけで第18節の愛媛FC戦には、苦し紛れの布陣で臨むことになった。右センターバックで出場を重ねてきた刀根亮輔を左に回し、右にはマルチロール男のファン・ソンスを置く。右ウイングバックの松本怜が左サイドに、右サイドには岸田翔平が入った。ウイングバックは練習でもときどき見た組み合わせだが、右利きの刀根は左センターバックの位置で、いかにも窮屈そうだ。

愛媛はこのシーズン、開幕4連敗にはじまり第14節までにわずか2勝と不調に陥って、ついに監督交代に踏み切った。第15節の京都サンガ戦から川井健太監督が指揮を執っている。就任後はまだ勝利がなく、ホームでの今節はなんとしても結果が欲しいところだ。前指揮官の間瀬秀一が採用していた3―4―2―1のフォーメーションを継続しているが、戦い方はよりコレクティブで、ポゼッション志向を強めている。

そういうワケありなチーム同士、失点したくない思いをうかがいあうように、試合は硬い入りとなった。降り続く雨にプレー精度を落としながらのミラーゲーム。第3節のファジアーノ戦もそうだったが、トリニータはどうにも堅守の相手とのミラーゲームが苦手で、愛媛の構えるブロックをどうしてもこじ開けられない。愛媛も新しいスタイルに不慣れな様子で、互いにミスを連発しながら、得点を奪えないまま時間ばかりが過ぎていった。

何かアクションを起こさなければ、この膠着状態は変わりそうにない。58分、先に愛媛が二枚替えに動いた。トリニータのほうも愛媛のブロックを崩すため、ボランチのタイプを変えることにする。中盤の底に陣取って大きく展開する宮阪政樹をベンチに下げ、ボールを持ちながら動き回るのが得意な川西翔太を投入しようと準備をはじめた。

だが、この日の宮阪には決定的に運がなかった。すでに川西がピッチサイドで交代を待っていた64分、相手のカウンターを受けて後手に回った対応の中、エリア内でブロックしようとした宮阪がハンドを取られPKを献上する。それをきっちりと決められて、愛媛に先制を許してしまった。

こういうチームにリードされると非常にマズい。相手は1点を守ろうとガチガチにゴール前を固めてくる。

カタさんはすぐに2枚目のカードを切り、布陣の軸足を攻撃へと寄せた。ファン・ソンスをベンチに下げて岸田を最終ラインに落とし、松本を右ウイングバックに移して左には國分伸太郎を入れる。ますますスペースを消してくる愛媛のブロックをサイドから攻略しようと指示したが、焦りの見える選手たちのプレーは単調だ。指揮官にサイドと言われると意地になったようにサイド攻撃一辺倒になってしまう。こうなると最初に投入した川西の存在が生きてこない。

「中も使わんとサイドも空いてきぃへんよ」

川西は何度か中央でスルーパスを試みたが、サイドへの意識を強めていた他のメンバーはそれに反応できなかった。

ピッチ内で工夫できないならベンチワークで対応するしかない。79分、カタさんは馬場賢治を下げて清本拓己を投入し、4―4―2に変更した。右に移っていた松本を再び左に戻し、今度はサイドバックに。サイドハーフは右が清本、左が國分。2トップには後藤優介と伊佐耕平が並んだ。苦肉の策もむなしく、呼吸が合わずに誰も反応できないクロスは逆サイドへと流れ、試合は0―1のまま終了した。

こんなアクシデント続きで悩ましい一戦も、ときにはある。サッカーはまるで人生のように、つねに順調には運ばないものだ。

◆立ちはだかる壁を侵食せよ

どうもJ2界隈に「トリニータは5枚のブロックでゴール前を固めれば恐るるに足らず」という暗黙の了解が根ざしはじめたようだ。第20節、アビスパ福岡はいきなり5―3―2の布陣でスタートした。

アビスパの攻撃陣はタレント揃いで強力だ。わざわざそんなに守備を固めなくてもいいでしょと思うのだが、もしかしたら前節の松本山雅戦の後半を参考にしたのかもしれない。山雅は前半はアグレッシブだったが、早い時間帯に退場者を出して数的不利になると、後半は5―3のブロックでスペースを消して守り、ボールを奪うと1トップめがけて長いボールを放り込んできた。中盤3枚の両側にはスピードに長けた選手を並べ、前線にボールが入ると爆発的なスプリントでカウンターに加わる。得点には至らなかったが、10人の山雅のその戦法は11人のトリニータを存分に脅かした。

アビスパも牙城を築いてトリニータの攻撃を阻む。特に3枚の両側の選手が微妙な立ち位置を取ることで、トリニータのパスコースを切りつつ、後方からの攻撃参加を困難にした。アビスパの将はかつての日本代表ディフェンスリーダー・井原正巳、人呼んで〝アジアの壁〟だ。さすが壁、と褒めるしかなかった。

結果的に山雅にもアビスパにも勝利こそしたが、完全に弱点があぶり出された形だ。これは早急に次の一手を講じなくてはならない。

だが、第21節は徳島ヴォルティス戦だ。ヴォルティスを率いて2シーズン目の指揮官、リカルド・ロドリゲスは、いかにもスペイン生まれらしい攻撃志向のサッカーを貫いている。ここのところガチガチに膠着した動きの少ない試合が続いていたが、今節は躍動感あふれる攻め合いのゲームになることだろう。

……という期待は、見事に裏切られた。

まさか、リカ将が。

なにもあんたまでトレンドに乗っからなくても、という、立ち上がりからドン引き戦法だ。ロドリゲス監督の就任以来、ヴォルティスはガラリと変わった。攻守にわたって積極性を前面に出し、采配も強気。若き指揮官の展開するアクションサッカーの前に、トリニータは前年、2戦2敗している。その2度目の対戦が、2017年J2第41節。勝てばJ1昇格の可能性が首の皮一枚つながるという状況で、互角以上の内容ながら決定機を逃し、89分にゴールを割られて希望を断ち切られたという曰くつきの一戦だ。試合後記者会見でのカタさんの男泣きは強烈に記憶に残っている。絶対にリベンジを誓っていたはずだ。

そのヴォルティスが、完璧なまでにスペースを消して自分たちからは仕掛けてこない。これまでと比べるとずいぶん消極的だ。4連敗中という戦績に加え、この試合直前にディフェンスの要だった大崎玲央がヴィッセル神戸から引き抜かれて、最終ラインの顔ぶれが変わったことも影響したのかもしれない。

ただ、「消極的」という字面からはよくないイメージしか湧いてこないが、それは決してネガティブな選択ではないと思う。サッカーはどんな戦法を駆使してでも相手を苦しめたほうが勝利へと近づける。相手を嫌がらせるのは勝負事の基本だ。ロドリゲス監督はいろいろな状況を鑑みて、「積極的に消極的な戦い方を選んだ」のだろう。

カタさんにとっても、これは想定外だった。チーム片野坂のスカウティング班は実に優秀で、次の対戦相手の出方やメンバーを予想する精度が非常に高い。トレーニングでシミュレーションした場面が実際に試合中に再現されることが多々ある。そんな高信頼性を誇るスカウティング班が一寸たりとも予想していなかった展開が、キックオフと同時に目の前に広がったのだから、みんなが面食らった。ヴォルティスはこれまで、4―3―1―2、4―4―2、3―4―2―1と多彩なシステムを使い分けて戦っている。それでこちらもカードを切らずとも複数ポジションに変更できるメンバーを選んで用意周到にスタートしたのだが、引いたヴォルティスを崩す準備はしていない。

とりあえず定石どおりサイドから攻略を図ったが、ヴォルティスのほうはそれを待ち構えていて、ボールが入った瞬間を狙って潰しにくる。松本怜と星雄次の両ウイングバックの攻め上がりも阻まれ、さらに中央で前線のメンバーが受けるスペースも消された。

そこから受けたカウンターが失点につながる。12分、エリア内でシュートをブロックした丸谷拓也がハンド判定され、ＰＫで先制点を奪われた。

失点を機に、カタさんはシステムを4―3―3に変更。丸谷をボランチに上げて中盤の枚数を増やすとともに、サイドで数的優位を作る狙いだった。後半頭には國分伸太郎を清本拓己にチェンジすると、清本が右サイドを活性化。流れがこちらに傾きそうな雰囲気になっていた49分、だが、悲劇は起きた。丸谷の守備対応にイエローカードが提示され、2枚目で退場。カタさんはシステムを4―4―1にして、このアクシデントに対応した。

ヴォルティスのブロックが少し緩んできた64分、馬場賢治に代えて伊佐耕平を投入。同時にヴォルティスも交代カードを切るとともに、左右のウイングバックを入れ替えた。すると69分、そのウイングバックからのグラウンダーパスがゴール前で収まり、見事なシュートにネットを揺らされた。トリニータは81分に藤本憲明を三平和司に代えてあきらめずに2点を追うが、無情にも84分、3失点目。リードを広げたヴォルティスは、これまでの我慢を解き放ったように伸びやかに攻めはじめる。こうなるともはやトリニータには打つ手がなかった。

なんとしても連敗を4で断ち切りたかったロドリゲス監督の、なりふり構わない割り切りの前に屈した試合。

次節からはシーズン後半戦で、これからはこういう現実的に結果を追求するチームが増えてくるのだろう。昇格と降格の間で、J2は、日本で最も殺伐としたリーグなのかもしれない。

◆戦術のぶつけ合いはジャンケン的でもある

特に試合ごとに指揮官がさまざまに作戦を凝らすJ2では、試合の立ち上がりはいつもジャンケンみたいだ、と思う。相手の手の内を読み、準備してきた策を同時にぶつけ合って、その噛み合わせに最初の分岐点がある。

シーズン後半戦最初の試合、第22節ヴァンフォーレ甲府戦もキックオフと同時に、両指揮官が準備してきたものをえいやっと出した。そして両者が激突したとき、トリニータにとっては不運な、そしてヴァンフォーレにとっては予想以上に効果的な化学反応が起きた。

チーム事情は互いによくない。ヴァンフォーレは攻撃を牽引しているジュニオール・バホスと小塚和季が負傷離脱。さらにトリニータ戦の前々日に、リンスのFC東京への期限付き移籍が発表された。これで仕上げられる心配はなくなったが、トリニータも前節の退場により、丸谷拓也が出場停止だ。福森直也はまだ復帰せず、右センターバックには丸谷に代わる誰かを置くことになる。ほかにも負傷者が続出して、戦力はだいぶ限られていた。互いに苦しい事情を抱え、許される範囲内で出来るかぎりの相手対策を施さなくてはならない。

カタさんは、ビルドアップの過程を引っ掛けられてショートカウンターを受け6失点を喫した前回対戦の教訓を生かし、立ち上がりは早めに長いボールを前線に送ることを狙った。それを遂行するにあたり、ボランチに13試合ぶりの出場となる姫野宥弥を起用。姫野の機動力を生かし、頭上を越えたボールを追って前線へと飛び出させ、そこで関わることを期待しての抜擢だった。姫野の相方には、バランスを取ることに長けた小手川宏基。出場停止で丸谷が不在の右センターバックには、やはり攻撃参加に期待して岸田翔平を配置した。

ヴァンフォーレのほうは、メンバー表を見ても布陣が読めない。蓋を開けてみると3―4―2―1の頂点に堀米勇輝を配した、機動力全開のゼロトップだった。

トリニータにとっては不運というしかない。ボールを持つとロングフィードを送り、同時に姫野は前線へと駆け出すのだが、フィニッシュにまで持ち込めず相手に奪われて攻守が切り替わると、その瞬間にバイタルエリアには姫野の空けたスペースがあり、ヴァンフォーレの攻撃陣はそこを自由に使うことができる。1トップが下りてきて中盤で数的優位を作るには実に好都合で、ゼロトップ作戦が見事にハマった。本当は頂点の堀米がボールを受けに下りることでセンターバックの鈴木義宜をつり出し、ゴール前にスペースを作る作戦だったのだろうが、ヴァンフォーレのその目論見は、違う形でいい方に転んだ。

小手川はそのスペースのケアに追われる。堀米が下がるためトリニータの最終ラインは枚数が余りがちなのだが、背後を狙われているので迂闊に前に出ることができない。フィールドで後手に回ったしわ寄せがキーパーの高木駿にまで及び、攻守に苦しまぎれのプレーを強いられることが増えた。

20分、エリア内でボールを受けた堀米に左足で先制点を奪われると、24分には似たような形から2失点目。立て続けに失点し、カタさんは前半のうちにプランを変更せざるを得なくなった。42分、姫野に代えて川西翔太を投入する。さらに後半からは星雄次を下げて伊佐耕平を入れ、4―4―2とした。ゼロトップの相手が中盤で数的優位を作るのを、システム変更によって阻止した形だ。

修正は奏功し、トリニータにもチャンスが生まれはじめた。だが、決定機を逃すうちに59分、前がかりになった背後を狙われて3失点目。75分にはエリア内で倒された藤本憲明が自らＰＫで1点を返したが、84分、バックパスを受けた小手川の足元を狙われて4点目を奪われる。アディショナルタイムにはまたも藤本が倒され、90＋4分にＰＫでかろうじて2点目。

リベンジならず2―4で決着した試合の後には草も生えなかった。収穫と言えば、これまでのサッカー人生で一度もＰＫを外したことがないという藤本のＰＫ職人ぶりを2度見たことくらいだ。対ヴァンフォーレ戦、2試合合計で10失点。戦術の噛み合わせによる不運もあったとはいえ、なかなかにショッキングな数字だった。

黒星発進となったシーズン後半。カタノサッカーを、さらなる試練が襲う。

◆初めての3連敗

7月13日。試合前々日の真夏のグラウンドで、事故が起きた。刀根亮輔がトレーニング中に接触して負傷したのだ。トレーナーに支えられてクラブハウスに戻る刀根の様子から察するに、軽傷ではなさそうだった。

診断は右膝前十字靭帯損傷、全治8ヶ月。

プレシーズンから人選に悩んだ右センターバックに、ようやくハマって定着したところだった。北九州生まれでU—18からトリニータに在籍し、2010年にトップチームに昇格した生え抜きの長身ディフェンダー。20歳だった2012年に突如、引き抜かれる形で東京ヴェルディに移籍すると、名古屋グランパス、V・ファーレン長崎、ギラヴァンツ北九州と転々と渡り歩いていたが、2018年にすっかり大人になって戻ってきた。

長身で身体能力が高く、どこか掛どころがいい。ルックスはどこのヤンキーかといった風情のコワモテだが、繊細に周囲に気を配り、如才なく接する器用さを持っている。カタさんからは「攻撃のときにいいところを見ている」と、カタノサッカーには欠かせない視野の広さと判断力を評価されていた。

左センターバックを定位置とする福森直也がようやくリハビリから復帰したタイミングなのは不幸中の幸いだったが、これでまた最終ラインの戦力を考えなくてはならない。

刀根の離脱直後の第23節・大宮アルディージャ戦では、右センターバックにファン・ソンスが入った。

J1から降格してきたばかりの大宮は強い。ビッグスポンサーに支えられるチームは能力の高いプレーヤーをピッチに並べ、まずはその力量差で上回ってきた。距離感を保ってテンポよくボールを動かされると、振り回されてなかなか奪えない。後手に回って試合開始早々にPKからの先制点を献上した。ビルドアップではプレスを受けて外側へと追いやられ、サイドにボールが入ったところで囲まれて孤立させられる。そうすると中央が空いてくるのでクロスを入れるのだが、逆にそこが、アルディージャの狙い定めた真の奪いどころだった。

それでも辛抱強くボールを動かしてアルディージャの選手たちをプレスに走らせ疲労させたことで、試合終盤には徐々に攻撃が形になってきた。だが、フィニッシュの精度不足がたたり、0―1で敗戦。カタさん体制では初の3連敗だ。

第24節の栃木SC戦は互いに決定機を仕留めきれずにスコアレスドローとなり、かろうじて連敗は止まったが、悪い流れは断ち切れなかった。

第25節の愛媛FC戦では、立ち上がりにPKでの得点チャンスを迎えたが、それを外して逆に相手に先制を許すと、強固なブロックでゴールに蓋をされて、猛攻むなしく0―1で散った。

これで5戦白星なしだ。ここまで来るといい加減、チームにも閉塞感が漂ってくる。特にこの期間、試合に絡めない選手たちのストレスは沸点に達しそうだった。

新体制発表会見のときに感じた、選手層の厚さが逆に出場機会を得られない不全感につながるのではないかという懸念。これが悪い形で増幅すると、チームは崩壊してしまう。

どうすれば風穴があくのか。

カタさんのチームマネジメントの手腕が、強く問われていた。

◆選手人生の岐路はチームのターニングポイントだ

だが、負けはしたものの、この愛媛FC戦はチームのターニングポイントになった。

ひとつは、21歳のディフェンダー・岩田智輝の台頭だ。刀根亮輔の負傷により、出場機会は唐突にめぐってきた。

大分県宇佐市出身の岩田は、地元の少年団「四日市南SSC」でボールを蹴りはじめた。現在は浦和レッズの守護神である西川周作と、横浜F・マリノスで右サイドバックを務める松原健という、年代別代表を経てA代表でも活躍した二人を輩出したクラブだ。県北部に位置する人口わずか5万余人の小さな町から立て続けに代表選手が続出したこと自体がトピックだが、すでに年代別代表に何度も召集されている岩田も、宇佐生まれの3人目のA代表候補として地元の期待を一身に背負ってきた。

1997年生まれで東京五輪世代。トリニータU―15宇佐からU―18へ進み、高校3年生だった2015年にトップチーム2種登録されると、翌年はトップチームに昇格してJ3で23試合に出場。2016年には日の丸を背負ってAFC U―19選手権に出場したが、その後はしばらく音沙汰がない。代表に選出されるためにもトリニータでアピールしたいのは山々なのだが、ここまで満足に出番のないまま、悶々としたシーズン前半を送ってきた。

「自分なりにいろいろ工夫したんだけど、どうしても試合に絡めなくて。もうちょっとで腐るとこでした」

と、屈託のない笑顔で天真爛漫に言い放つ。

身体能力が高く、前線から最後尾まですべてのポジションをこなす岩田は、トリニータU―18ではボランチやフォワードとしてプレーしていた。年代別代表ではサイドバックやウイングバックなどアウトサイドのポジションで起用され、カタさんも攻撃参加を求めて3バックの右に配置した。

「少年団の頃からいろんなポジションで出てたんですけど、前線で出てるときは後ろの守備が気になるし、後ろで出てるときは自分が前で点を取らなきゃって焦るんですよね」

と、本人は高校時代に天然ぶり全開で笑っていたが、「これぞ攻守表裏一体の現代サッカーの申し子！」と親馬鹿状態全開のトリサポたちは、地元出身の未完の大器に期待を高めるばかりだ。

それに応えるように、岩田は見る見るうちに覚醒した。最終ラインに置くには身長こそ178センチと高くないが、外に内にとコースを取りながら攻め上がるさまにはほとばしる水のような勢いがある。プロ1年目はほとんど枠の外に打ち上がっていたシュートや誰もいないところに流れていたクロスの精度も上がった。右ウイングバックの松本怜との意思疎通もスムーズで、連係してのサイド突破は見応え満点の好機を何度も演出した。シーズン終盤にさしかかる頃には「トリニータのストロングポイントは右サイド」と言われるまでになる。刀根の負傷離脱は痛手だったが、まさにその怪我の功名で、アカデミーの後輩が成長を遂げた形だ。

もうひとつが、ボランチの人選だった。

この試合を境に、開幕からこれまでずっとボランチのレギュラーだった宮阪政樹に代わって、23歳の前田凌佑がレギュラーとして定着する。前田は２０１７年、ヴィッセル神戸から出場機会を求めて期限付き移籍加入し、そのままレンタル期間を延長していた。神戸生まれでジュニアユースからヴィッセルに入り、U—18では2年次から主力としてチームのプレミアリーグ昇格に貢献。２０１３年にトップチームに昇格すると、Jリーグ・アンダー22選抜チームに召集されてJ３では出場経験を積んだが、J１では全く試合に絡めずにいた。２０１７年に初めて故郷を離れてやってきたトリニータでJ２リーグ戦15試合に出て、ようやくまずまずの感触をつかんだ。

だが、前年に手応えを得たと思ったにもかかわらず、２０１８年のシーズン前半戦の出場はゼロ。当てが外れた前田はだいぶ不貞腐れていた。なにしろレンタル元のヴィッセルはルーカス・ポドルスキに次いでアンドレス・イニエスタも加入し、スーパースター祭で盛り上がっている。このままトリニータで結果を出せずにヴィッセルに帰ったところでイニエスタの陰に葬り去られるか、下手すれば契約更改さえ危うい状況だ。そんな焦りと評価されないことへのもどかしさに苛まれ、トレーニングにも身が入らずにストレスフルな日々を過ごしていた。

そんな前田をカタさんが監督室に呼び出したのは、愛媛戦の直前だった。

「これが最後のチャンスだぞ。やるのか、やらないのか」

口調は冷静だが、まさに最後通告としての厳しい問いかけだ。チーム編成当初から試合ごとの狙いに合わせてタイプの異なる戦力を使い分けたいと考えていたのに、出場機会がない間に不貞腐れた前田が真面目にトレーニングしないものだから、起用することができない。敢えて黙って見守りながら本人が前向きに変化するのを待っていたが、どうにも自力でメンタル浮上のきっかけをつかめないまま爆発しそうになっているのを見て、ついに指揮官のほうから声をかけるに至った。

積もるストレスで周囲が見えなくなっていた前田にしてみれば、そんな自分を指揮官がずっと見守っていることにさえ気づいていなかった。いきなり「最後だぞ」と選択を迫られて初めてカタさんの思いを知るに至り、衝撃を受けた。

本来、根は率直な性格だ。「自分では気づけなかった」と素直に反省し、トレーニングに取り組む姿勢を改めた。真面目にやれば、ポテンシャルは高い。カタさんもやっと前田を戦力として計算に入れられる状態になったことにほっとした。

宮阪が中盤の底からのびやかに展開して攻撃を組み立てていたのとは異なり、前田は周囲とパス交換しながら自らも前線へと顔を出すタイプのゲームメーカーだ。布陣の性格を左右するボランチには複数の選択肢を備えておきたい。特に最近のチームの不調は、宮阪を軸にしたゲームメイクが対戦相手に研究され対策されたことに大きく影響していた。ここで宮阪とは異なるタイプの前田が使えるようになれば、チームとしての戦い方の幅は一気に広がるはずだった。

◆世界の捉え方が変わった！

その期待どおり、モビリティーに富んだ前田のプレースタイルは、布陣の流動性を中盤にまで広げた。

そしてそれは、カタさんのサッカー観の変化を象徴するものでもあった。

サッカーの監督にとって、サッカー観はそのまま世界観だ。世界をどう捉えるかによって、戦術の構築方法も様変わりする。

カタさんが監督に就任した当初のカタノサッカーは、ミシャ式の可変システムに忠実な、システマティックなサッカーだった。3―4―2―1を基本形として、攻撃時には4―1―4―1、守備時には5―4―1とフォーメーションを変える。

だが、その法則はあくまでも自チームだけを見て構築されたものだ。対戦相手の存在を視野に入れていない法則は、思考の硬直にもつながる。

相手チームのシステムは多種多様で、1トップ、2トップ、3トップ、また3バックや4バックとそれぞれに異なる。中盤を厚くしたチームもあれば、攻撃時にサイドバックが高い位置を取って前線に人数をかけるチームもある。さらに変則的な戦法を採用している相手もあり、ピッチに並び立つプレーヤーのタイプによってもチームの性格は異なってくる。

それだけ相手がバラエティーに富んでいるのに、こちらは守備時に必ず陣形を5―4―1にするというのはナンセンスな話ではないか。

簡単な例を挙げれば、相手が1トップのときにこちらの最終ラインが5枚いても、守備の枚数は余ってしまう。サッカーのセオリーでは攻守にわたり相手の人数プラス1の局面を作ることが、効率的に優位な状況を生む方法だとされている。それに基づき、相手の攻撃陣の人数に合わせてこちらも守備にかける人数を決めれば、そのぶん攻撃に転じた瞬間に、有利な立ち位置でトランジションの瞬間を迎えることができる。無駄に重心を後ろに置く必要はなく、守れるだけの最小限の人数を置いておけば、あとは来るべき攻撃に備えておけ、という考え方だ。

まずはそれが、カタさんがトリニータでミシャ式に加えた最初のオリジナルアレンジだった。守備時の5―4―1を基本としながら、相手の立ち位置によって、5枚のうちの1枚がボールホルダーに寄せ残りの4枚でバランスを取って4バック状態となる。その状況次第で選手たちは左右や縦横にスライドを繰り返し、必要最小限の人数で守備網を築くのだ。

攻撃においても同じだった。後方でボールを動かすところから攻撃をスタートするにあたり、必ずしも4―1―4―1の形となって後ろの4―1でボール回しをする必要はない。相手の前線の守備の状況次第で、ボランチが最終ラインに落ちることなく3―2の形を取れば、そのぶんゴールへの距離も近く、効率的に相手の間を使いながらボールを前へと運んでいける。

攻撃のスイッチの入れ方にもバリエーションがもたらされた。最初のうちは後方からボランチにつけたボールをサイドに展開し、そこからシャドーにボールが入ったときがスイッチの入れどころと定められていた。2枚のシャドーと1トップの3人が流動的にコンビネーションを駆使して相手を剥がしながらゴールに迫るという〝型〟がきっちりと決められており、シャドーは1トップを孤立させずゴールに近い立ち位置を取れるよう、できるだけ高い位置にいることを義務づけられる。だが、そのうちシャドーにボールが入った瞬間を相手に狙われるようになると、その寄せを回避するために、ボールを受ける瞬間に下がる自由を与えられた。状況によっては1トップに長いボールを入れ、そこに収まってからシャドーが絡んでいくパターンも増えた。

動きのバリエーションが増えたのはウイングバックも同じだ。大きなサイドチェンジで一気に局面を展開することを狙い、また相手守備陣の間隔を広げるためにも、最初はタッチラインぎりぎりに幅を取ることになっていた。それも次第に相手に対策され、縦方向の突破を遮られるようになると、状況を見ながらカットインする選択肢も許される。

そのようにして、それぞれのポジションで状況ごとにプレーヤーがある程度自由にプレーを選択するようになると、同時にプレーヤーにはその際の判断力がさらに要求されることになった。組織的に動いているので当然、一人で判断できるものではない。対戦相手だけでなく味方の状態も見極めて動かなくてはならない。

当初のやり方では、そういうスキルが必要とされたのは、ほとんど1トップ2シャドーのコンビネーションプレーだけだった。だが、戦術の進化とともに、それが全ポジションに求められるようになった。ダブルボランチの一枚が前田になったことで、その傾向はさらに加速する。宮阪が中盤の底でバランスを取りながらボールを散らすという明確で特殊な役割を担い、動く範囲や動線もそれほど広くなかったのとは異なり、モビリティーの高い前田は広範囲を自由な動線で動き回って、あるときは味方の選手と入れ替わり立ち代わり、あるときは球際に集まりと、局面の状況ごとにプレーを変えた。宮阪を起用したときはシステムに組み込んだ感じだったが、前田を使う頃になるとシステマティックな印象は薄れ、ピッチ全域での各局面で状況ごとに法則めいた約束事が課されるようになっていった。ポジショナルプレーの要素が色濃くなったと言える。

言い方を変えればこれは、カタさんの世界の捉え方がシフトしたということになるのではないか。

世界はシステムによって動くという捉え方から、より自由度の高い捉え方へ。そこではむしろシステムよりもポジショニングが重視される。スタート時に設定されたそれぞれのポジションの役割はもちろん有効だが、局面によっては、チームで定めた法則に基づいてさまざまな役割もこなさなくてはならない。

そうなると、相手にこちらの出方を読まれにくくなる。システマティックなものに対しては相手もシステム的に対策を練りやすいが、システム的なものが限りなく細分化されて法則が見えづらくなれば、それはもう「臨機応変」とか「変幻自在」といった言葉でしか語れず、相手としては対策を施すのが難しい。

その世界観のシフトを最も明確に象徴していたのが、ボランチの宮阪から前田への変更だった。

◆変態からさらなる変態へ

第14節にホームで、4—3—3のシステムを採用して変態対変態の闘いを繰り広げたFC岐阜とアウェイで対戦した第26節。カタさんは3—5—2システムで打って出た。

うわっ、さらに〝自分たちのサッカー〟に寄せてきた！

〝自分たちのサッカー〟と言いつつ、ちゃんと岐阜というチームを視野に入れて対策を施しながら、なおも4バックシステムから3バックシステムへと、自らの戦術のベーシックな形へと近づけてきたように見える。

トリプルボランチに並んだのは、中央が丸谷拓也、その左右に前田凌佑と小手川宏基。岐阜の流動的な高速パスワークに中盤を厚くして対応するのは前回対戦と同じだが、今回は三平和司と伊佐耕平を2トップに並べてカウンターを狙った。5戦白星なしという閉塞した状況を打ち破るためにも、とにかく得点して勝つことが必要だ。

もうひとつ、前回対戦から大きく異なっていたのは守備方法だ。前回はボールの入ったところに食いつかず、構えてスペースを消しながら岐阜の攻撃を阻んだが、今回は積極的にボールを奪いにいった。誰かが球際にチャレンジするときには別の誰かがその後ろにカバーに入る。岐阜の頂点のライアン・デ・フリースがゼロトップ気味に下りるのに対しても、3バックの中央の鈴木義宜が激しく寄せた。第22節のヴァンフォーレ甲府戦では鈴木の背後のスペースが空くのを懸念してつり出されないようにしていたが、今回は思い切ってチャレンジする。それでスペースが空くことを狙って岐阜のウイングが駆け込んできても、鈴木の両脇から福森直也と岩田智輝がしっかりカバーしていた。球際にチャレンジすることで、相手のパスワークに遭っても重心を押し下げられっぱなしにはならない。ただし、高速パスワークに対して、こちらも高速でスライドを繰り返さなくてはならないし、そこでズレが生じれば一瞬にしてそれを使われてしまうので、求められる運動量はハンパない。

岐阜のボランチの1枚が最終ラインに落ちて組み立てようとするのに対しては、トリニータの2トップがプレッシャーをかけた。縦パスを通されて岐阜の前線にボールが入ると、トリプルボランチが3バックと協力して奪い切り、即座に切り替えると岐阜の選手の背後を突いて攻め返す。

19分に、トリニータが先制した。丸谷のミドルシュートは絶妙なタイミングで抜け出した三平の左かかとに当たり、三平がトラップした形になってあらためてシュート。バレーボールで言えば味方のスパイクをさらにスパイクするような、偶然が生んだ妙な形でのゴールに、トリサポは思わず笑いを堪えきれない。30分には岐阜のハンドにより得た小手川のフリーキックが相手のオウンゴールを誘って2点目。

後半は岐阜もシステムを3—5—2に変えてきた。トリニータは守備で走るうちに疲労が溜まり、また2点リードしていることもあって、やや運動量が落ちている。それでも決定力のある相手2トップにボールを入れさせまいと、ブロックを構えながら出来るだけパスの出し手にプレッシャーをかけた。

互いに決定機を逃し、試合は2—0のまま決着。トリニータは長いトンネルを抜けた。ズレないように周囲の味方と呼吸を合わせてスライドするのは大変な作業だったが、攻撃ではここ最近ずっと求められていたブロック崩しではなく、相手の背後にスペースがあり、風通しのいい雰囲気もあった。

前田が中盤に入って全体に躍動性が増したことはよかったが、宮阪政樹がいなくなって、コーナーキックのキッカーには苦労した。小手川や後藤優介が蹴ることもあったが、大抵は松本怜と星雄次の両ウイングバックがそれぞれのサイドでキッカーを務め、ショートカウンターで変化をつけてしのいだ。カタノサッカーではセットプレーからの得点が極端に少なく、これは大きな課題だった。

◆激震！　キャプテンが移籍⁉

8月15日、チームに激震が走った。キャプテンの竹内彬がカマタマーレ讃岐に期限付き移籍するという。

チームメイトの中でも事前に知らされていたのはごく一部のベテランのみだった。その他の選手は全員、当日朝のミーティングでの発表で衝撃を受けた。

急にまとまった話で、竹内自身も短時間での決断だった。妻と子供たちがお盆で実家に帰省している最中に舞い込んできた移籍のオファー。電話で家族と相談して単身赴任での移籍を決断し、エージェントに受諾の返事をした。

アニキ肌で責任感が人一倍強い竹内が、キャプテンであるにもかかわらずシーズン途中で移籍するというのは余程の事態だ。だが、竹内の気持ちはよく理解できた。

２０１７年にトリニータに加入した当時は33歳。ベテラン組としてキャプテンの山岸智を支え、その陰で一緒にチームを牽引してきた。シーズン終了とともに山岸が契約非更改となったときには、最初に山岸から報告を受け、年齢を重ねたサッカー選手の身の振り方についてしみじみと話し合った。

「このチームのこと、頼むな」

肩を並べてグラウンドを走りながら山岸に託され、その後を継ぐように２０１８年、キャプテンに任命される。

若手たちにアドバイスしたり、移籍してきた選手たちにカタノサッカーの特徴を伝えたりと、表には出ない仕事をこなしながら、だが、ピッチでは厳しい状況を迎えていた。

２０１７年は３バックの真ん中でディフェンスリーダーとして39試合に出場した竹内だが、２０１８年になるとカタさんはその位置に鈴木義宜を置き、竹内をそれまで鈴木が務めていた右センターバックに配置した。鈴木の対人守備の強さを評価したこともあったが、プロ４年目の鈴木を新しいディフェンスリーダーとして育てる必要もあった。

名古屋グランパスでプレーしていた頃にはサイドバックでプレーした経験もある竹内だが、３バックではやはり勝手が違った。カタさんは３バックの左右に攻撃参加を求める。竹内も中央から見るのとは全く異なる視野から、得意のフィードを対角に繰り出して局面打開を図るなど自分なりに工夫したが、カタさんの求めるような攻め上がって数的優位を作るプレーには、あまり適性を発揮できなかった。

リーダーとして竹内をピッチに置いておきたいのは山々だが、戦術のほうが先に立つ。カタさんは苦渋の末に第４節の東京ヴェルディ戦から竹内を外し、刀根亮輔を右に入れた。竹内はベンチスタートで、守備固め要員となる。その後、刀根が負傷しても竹内に先発の機会は訪れない。カタさんは次第にベンチメンバーから守備陣を減らし、複数の攻撃プランに対応できるよう、ベンチにいろいろなタイプの攻撃陣を控えさせるようになった。それでも竹内は必ず唯一のディフェンダー登録でメンバー入りしていたのだが、ついに第25節の愛媛ＦＣ戦を最後に、ベンチにも入らなくなった。

６月には35歳になった竹内にとって、現役プレーヤーとして残された時間は多分、それほど長くない。試合に絡めなくなってからもトレーニングの強度を緩めることなく励み、キャプテンとして頼れる存在であり続けてきたが、やはり本人としてはＪ１昇格を狙えるトリニータで控えの座に甘んじるよりも、Ｊ２の下位で足掻いているカマタマーレで試合に出るほうがいい。

「それに、このままトリニータにいてＪ１昇格を見届けたとしても、来年も契約があるとはあまり思えないでしょ」

と、竹内は自身の置かれた状況を受け入れた。悔しさもあるが、それ以前にプロのプレーヤーとして生きていかなくてはならない。結果を出すチャンスが与えられる場所に行くのは、切実な決断だ。

カマタマーレは一日も早く竹内のチームへの合流を希望している。

キャプテンの移籍がミーティングで伝えられたその日の午後、実家から家族が戻ってくるのを待つ間もなく、竹内は讃岐へと向かうことになった。

◆行ってらっしゃいアキラさん

トレーニングを終えた選手たちが、三々五々、フェリー乗場に集まってきた。別府から愛媛・宇和島行きのフェリーは14時発。

見送りにくることを竹内には知らせていないので、肝心の竹内がなかなか現れず不安になった。いまどこですかー、と電話してみると、別府港に向かう途中に一人で昼食のステーキを食べているという。

「ステーキ食べてる場合じゃないですよー!」

チームメイトたちがずっこける中、ようやく主役が登場したのは出港の1時間ほど前。乗船待機列に愛車を停めて、Tシャツとハーフパンツにサンダル姿でこちらにやってきた。

「うわあ……、これは泣くわ」

まさかの大勢での見送りに感激している竹内に、三平和司がプレゼントを渡した。

「アキラさん、これ、一人でさみしいときに使ってください」

単身赴任生活をはじめる竹内へのプレゼントは、ゴム製のニワトリ人形。押すとけたたましい音が鳴る。これを一体どう使えというのか。その横で小手川宏基も謎の箱を手渡して、竹内を悶絶させている。

その頃には、トレーニング後のケアで遅れていた後発組も到着した。マネージャーに頼んで、ロッカールームからありったけの、竹内のつける背番号4のユニフォームを持ってきたという気の利きようだ。

みんなでそれを着て、竹内を囲んで記念撮影した。SNSにアップロードするための動画も。

わちゃわちゃやっている間に、時は流れた。乗船待機列の車が進みはじめている。

「ヤバい、もう行かなきゃいけないッスよ」

促されて竹内は、みんなを代表した三平と固い握手を交わした。竹内が慌てて車に乗り込んだとき、ようやく高木駿と林容平が駆けつけた。待機列の竹内に飛び跳ねながら手を振っていると、後ろの車のオジサンから早く前に行けと叱られた。「最後までキャプテンを叱らせてるよ……」とみんな苦笑い。

「キャプテーーーーン！　行ってらっしゃーい！」

「アキラさん愛してるーーー！」

口々に見送られて竹内は桟橋を渡りながら、愛車の窓から手を振った。

「まずはヴェルディ戦よ、ヴェルディ戦！」

移籍が決まってもなお、次の試合のことを気にかけている。

「サンキュウウウ！」

と、やたらカッコいい一言を残して、キャプテンは車ごとフェリーに消えていった。

港に残された者たちは当然、竹内が甲板に出てくるのを待っている。だが、そろそろ来るかという時間になっても竹内は姿を見せない。

「……もしかしてこれ、座席でくつろいでね？」

懸念すると同時に、「あ、もしもしアキラさん？」と声が聞こえて全員が噴き出した。林が普通に電話をかけている。

「上に出てきてくださいよー」

「俺たちは、船が出ていくときに、みんなで『わー』ってやりたいの。出てきてもらえます？」

スピーカー状態にした林のスマートフォンに向かってみんなで呼びかけると、ほどなくして甲板に小さく人影が動いた。

「あ、そこじゃなくて。もっと右。いや、もう一個上に行けます?」

人使いの荒いチームメイトたちの要望を聞いて竹内は甲板のいちばん上まで駆け上がり、ご丁寧に一発芸まで披露してくれた。

名残を惜しむように電話越しにふざけ合っていたが、いよいよ出港するときには、みんな自然と無言になった。港と海を隔てるガードレールに足をかけたり、自分の車によじ登ったりして大きく手を振る。船上の竹内は竹内で、そんなチームメイトたちの様子をスマートフォンで動画に収めていた。

「……行っちゃった」

船が見えなくなると、さみしさが広がった。餃子食べて帰ろか、などと言いながら、選手たちは真夏の港を、また散り散りに去っていく。

◆奪い合うのはボールではなくスペースだ

ヤクザが無言のまま刃物で刺し合っているような凄絶さ。

例えるならそんな殺伐とした試合だった。第29節の東京ヴェルディ戦。知将・ロティーナとの対決は、いつも難しいゲームになる。魑魅魍魎が跋扈する魔境J2ではさまざまなタイプの指揮官がそれぞれに戦術という工夫を凝らしたトラップを仕掛けているが、ロティーナは間違いなく、最も厄介な難敵だった。

激しくボールを奪い合うわけではない。派手に攻守が切り替わって攻め合うわけでもない。かといって、膠着しているかと言われれば決してそうではなく、むしろ中盤の主導権争いは凄まじい迫力を醸した。ただ、奪い合っていたのがボールではなくスペースだっただけだ。陣地の奪い合いは音もなく容赦なく、両チームのプレーヤーのポジショニングの変化によって刻々とせめぎ合った。

ヴェルディの布陣は3—5—2。トリニータと同じフォーメーションだが、右ウイングバックが守備時には5バック状態に下がり、攻撃時には前に出て、それに応じるように全体がスライドしている。可変システムなのかもしれない。ここ最近、左ウイングバックでレギュラーとして出場している那須川将大の精度の高いクロスを警戒してマークしているようだ。那須川は第27節のアルビレックス新潟戦でセンタリングともシュートともつかない〝シュータリング〟で先制点を挙げていた。安定感のあるボール運びで実に中途半端な位置からアーリークロスを上げてくるレフティーが、地味なポジショニング争いを仕掛ける知将の目には最も脅威に映ったのかもしれなかった。

だが、ヴェルディの右ウイングバックが那須川にぴったりついているので、むしろそこにはスペースが生まれる。その大外のスペースを使って前田凌佑が躍動し決定機も作ったのだが、そこで仕留めきれないうちにヴェルディが修正してきた。前田とマッチアップするヴェルディの右インサイドハーフが、攻める前田の背後のスペースを使う立ち位置を取るようになり、そこから流れはヴェルディへと傾きはじめた。

トリニータもそれに対抗する。こういうときに最も輝くのは、FC岐阜戦で披露した変態サッカーでも重要な役割を担った小手川宏基だ。その立ち回りは絶対に天才的なのだが、それは直接ボールに絡まないところで発揮されるものなので、なかなか天才と騒がれることがない。

右インサイドハーフの小手川はこの試合中、いろいろと立ち位置を試しながらやっていたと後で明かした。

「相手を見てその場その場で判断していた感じですね。特に僕が指示を出していたわけではないんだけど、誰かが下がったら別の誰かが前に行くという規律が、このチームでは徹底しているので」

ガチガチにマッチアップしたウイングバックにボールを入れることは避け、そこでは敢えて相手を引っ張らせておいて、中のスペースを使う。前半はそこから前田と小手川が外側に走って起点となっていたのだが、後半はヴェルディの両インサイドハーフが中間ポジションから斜めに走ってゴール前に顔を出し、チャンスに絡むようになった。

流れを取り戻したいトリニータは右ウイングバックの松本怜が高い位置を取り、右センターバックの岩田智輝と小手川とで変則的な縦関係を築いた。

「そうすれば動きが出るかなと思って。前半は前に出て相手に剥がされた場面があったから、無理して出なくてもいいなと。相手もこっちが動くのを待ってたような感じがあったし」

松本も証言する。

「横方向にボールを回しても相手が全然崩れないので、逆に同サイドで動きをつけようと。ああでもしないと相手ディフェンスは動かない。同サイドに行くと相手が嫌がっているのがわかりましたよ」

多分、ボールの奪い合いになればミラーゲームは見た目にもわかりやすく膠着する。だが、スペースの奪い合いになるとプレーヤーはよく動くので、膠着しているように見えない膠着状態に陥っていた感じだ。

結局、試合はスコアレスドローで終わった。ゴールネットは一度も揺れなかったが、ピッチに渦巻いたエネルギーは打ち合いのそれよりもはるかに熱く膨大だったような気がする。

「相手の変化を見ながらプレーするチーム同士、お互いがお互いを探り合いながら組み立てて、テクニカルな感じで進んでいく難しい試合になりましたね。相手が動くからこちらも動いたという感じ」

と、高木駿は総括した。前半はゴール前の局面が少ない展開だったが、中盤でのめまぐるしい、しかも音のない主導権争いを「わあ、どうなるどうなる」とドキドキしながら見守っていたと守護神は笑う。

「普通に見たら点が入らないし、かといって放り込みもなくて、ワーッと行く場面がないから面白くないゲームだったかもしれないけど、わかる人が見たら忙しい試合だったでしょうね」

ちなみにこの試合でヴェルディのゴールマウスを守っていたのは、２０１７年までトリニータの正守護神だった上福元直人だ。順天堂大学の４年生だった２０１１年に強化指定選手としてトリニータにやってきて翌年ルーキーとして加入し、２０１３年には町田ゼルビアのチーム事情で1ヶ月間だけ期限付き移籍したが、足掛け6シーズン在籍した、サポーターにとっても愛着あるゴールキーパーだ。同い年の高木とは、高木が明治大学に在籍していた当時、関東大学リーグでしのぎを削り、大学選抜ではライバル同士だった。大学時代に一進一退で肩を並べた二人は２０１７年にトリニータでチームメイトとなり、在籍期間の長いぶんカタノサッカーに馴染んでいた上福元が、42試合中の38試合に出場した。２０１７年、リーグ戦最後の2試合は高木がゴールマウスを守り、上福元が移籍した２０１８年からはそのまま高木が正守護神を務めている。

長きにわたって因縁の関係を築いてきた二人は、試合後のピッチで固く抱き合った。高木は言う。

「試合前と終わったあとに普通にちょっと話しただけ。語らずともなんとなく分かり合えるというか、セーブで会話してるみたいな」

ピッチに立つ敵味方のプレーヤー同士は、互いにプレーで対話している。熱い試合であればあるほど、その濃度は高くなるのだ。

◆人生万事バランスが大事

こんなに悔やむ姿は見たことがないというくらい、第31節・アビスパ福岡戦後のカタさんは自身の判断ミスを悔やんだ。

割といつも率直に、自らのミスを認める人だ。試合後の記者会見で、選手を庇うという意図ではなく、自分の采配ミスだと言ってしまう。

前半は激しい相手のハイプレスにさらされ、なかなか攻撃を組み立てられなかった。ここ最近の流れでこの試合も3―5―2の布陣でスタートしていたが、途中から右インサイドハーフの小手川宏基を一列上げて3―4―2―1の形に変更して対応すると、流れはトリニータに傾く。アビスパを一方的に押し込み、防戦一方でゴール前を固める相手が崩れるのも時間の問題という展開になった。

0―0のまま迎えたアディショナルタイム。決壊寸前のアビスパをこじ開けて1点取りさえすれば、大きな勝点3が手に入る。

Ｊ２は毎年のように上位も下位も混戦になるのだが、２０１８年の上位争いは特に熾烈を極めていた。毎節の結果で順位はめまぐるしく入れ替わり、勝点1の差が大きく響く。その混戦状態がシーズン終盤のこの時期になっても一向にほぐれないので、上は昇格争い、下は残留争いにそれぞれ絡みそうなチームが徐々に焦りの色を見せつつあった。

その状況を鑑みて、カタさんは勝点3を取りに行く。ワンサイドゲームの様相になっていたアディショナルタイム、勢いのままに前がかりになってアビスパゴールに襲いかかった。

だが、サッカーの神様はあまりにも無情だ。

90＋3分、猛攻の裏を突かれる。縦パスをカットされ、カウンターを受けた。ボランチは2枚とも攻め上がっていて、ドリブルで持ち上がられるのを止める者が誰もいない。慌てて戻るが爆速の松本怜も追いつけない。岩田智輝一人のディフェンスで食い止められるはずもなく、最後の最後に勝点3をまるごとアビスパに持っていかれた。

「自分が点を取りに前に行ったから……」

前田凌佑は試合後、ゴール裏のサポーターの前で泣き崩れた。

シーズン前半戦は試合に絡めず腐っていたところから、起死回生のレギュラーポジション獲得。その裏には出場機会を失った宮阪や、やはり試合に出ることのできないチームメイトたちの存在がある。球際ではガツガツ当たることも厭わないが、ボランチの相方のタイプに合わせて自分の役割とプレースタイルを変える配慮と器用さも持つ前田は、ピッチ外では甘えん坊ぶり全開で、いつも誰かに構ってもらいたいタイプだ。トレーニング後のクールダウン中には必ず誰かにボールをぶつけているし、チームメイトが囲み取材を受けているとほぼほぼ横からちょっかいを出して笑わせに来る。前田はみんなが大好きなのだ。レンタル移籍中の身だが、このチームでＪ１に昇格したいと思っている。

会見で口唇を噛むカタさんも、悔しさで震えているように見えた。

「ゲームマネジメントのところで、僕も選手たちに点を取りに行かせ過ぎたことを反省しないといけないです。アウェイだし、勝点1でも持ち帰るというプランを選ばなければいけなかったのかなと反省しています。どちらに転ぶかというゲームの中で、やはり今、われわれには勝点3が必要だったので、最後はああいう形になりました」

多分、ともにＪ１昇格候補であり、九州ダービーでもあるこのアビスパ戦を、シーズン終盤の勝負どころと思い決めていたのだろう。普段から何事においてもバランスを重視する指揮官が、珍しくバランスを崩して勝負に出た結果、無残に散った。

これ以後、カタさんはそれまで以上にバランスやリスクマネジメントを徹底するようになる。

第32節はロアッソ熊本戦で、立て続けの九州ダービーだった。ロアッソはストライカーの安柄俊が出場停止で、この試合にどういうプランで臨むかが読めなかった。システムも3―4―2―1と3―5―2を使い分けていて、どちらで来るかわからない。カタさんは幾通りものプランを準備してそのひとつで試合に入り、キックオフ直後に相手の出方を見て即座にプランを切り替えた。いわば後出しできないジャンケンだが、相手がチョキを出すのを見極めたが早いかソッコーでパーをグーに変えたような感じだ。

ＰＫで先制点を挙げたのは三平和司だった。三平はアビスパ戦の日の夜、第一子を授かったばかりだ。アウェイから帰るバスの中で妻の陣痛が来たことを知り、大分に着いて急いで病院に駆けつけると、なんとか出産の瞬間には間に合った。明るさ底抜けナンバーワンのムードメーカーが父親になって初めて決めたゴールに、チームの雰囲気はいやが上にもアガりっぱなしだ。

後半、一度はロアッソに傾きかけた流れを、カタさんは細やかなベンチワークで再び手繰り寄せる。前節のアビスパ戦で転んだときに掴んだ藁はこれだぜと言わんばかりにバランス感覚を披露して、難しい采配合戦の主導権を譲らない。

79分、岡野洵のクロスが相手ゴールキーパーにパンチングでクリアされたところを、丸谷拓也が拾って2点目を奪った。飛び出していたキーパーの頭上を越す見事なループシュートだった。

マル、そんなの持ってたんかー！

少年団でサッカーをはじめた当初から、サンフレッチェ広島でプロになるまで、フォワードを本職としてきた丸谷。サンフレッチェであまり出場機会に恵まれなかった3年目にボランチにコンバートされて以来、中盤で全体の舵取り役を担っている。生来の献身的な性格が、あるいはボランチ向きなのかもしれなかった。それでもかつてのストライカーの血は不滅なのか、時折、ミドルシュートを放った。本人曰く「一試合に1本は打つようにしている」とのことだが、質量のある弾道はしかし、残念ながらあまり枠に飛んだことがなかった。

失礼ながら丸谷のミドルに関しては、まあそれでも打てば何かが起きるかもしれないし、相手を警戒させることもできるし、という程度の認識だ。たまに決まるとめちゃくちゃうれしいが、大抵はまっすぐに枠の上を通過していく。

そんな丸谷のループシュートを見たのは初めてだった。若い頃から落ち着いた物腰をしていた割に、シュートはいつも全力の人だ。こんな技ありループを繰り出すとは思わなかった。

「あれは実は俺のおかげなんですよ」

と、試合後にドヤ顔で語ったのはキーパーの高木駿だ。なんと今週のトレーニングのゲーム中に、丸谷は高木のパンチングクリアをループシュートしてネットを揺らしていたという。まったく同じ場面がロアッソ戦で再現され、高木は丸谷以上に鼻高々だった。

◆援軍・浅田飴登場！

上位をキープしながらじりじりと混戦のリーグを戦っていたカタさんに、思いがけないところから援護射撃がもたらされた。

背後から撃ち込まれるのは銃弾でも砲弾でもない。飛んでくる小さな丸い援軍はなんと、のど飴だった。

きっかけはロティーナ監督との仁義なきスペース抗争を演じた第29節の東京ヴェルディ戦だ。この日、記者会見場に訪れたカタさんの声は、試合中の激しいサイドコーチングのために嗄れ果てていた。ほとんどジェーン・バーキンか森田童子のようなウィスパーボイスを絞り出して言う。

「お聞き苦しくてすみません。試合中に叫んで選手たちに指示を送っていたら、こんな声になってしまいました……」

恐縮至極といった低姿勢で謝るカタさんの姿に、報道陣は笑いを堪えきれない。

「ちなみにキックオフ後、何分くらいに声が出なくなったのですか」

そんなふざけた質問にも「はい、5分くらいで……」とクソ真面目に答えるものだから、会見場は爆笑の渦だ。詳しく聞けば、声が出なくなった指揮官のためにスタッフがハーフタイムにゴール裏スタンドに走り、サポーターたちに「お客さまの中にのど飴持ってる方はいらっしゃいませんかー?」と助け舟を求めたのだという。

ささやき声になったカタさんのインタビューは、テレビやインターネット経由で瞬く間に広まり、Jリーグサポーターの腹筋を引きつらせた。以前からテクニカルエリアでやたらアグレッシブに飛び跳ねていると思っていたら、ついに声がこんなことになってしまったかー! 面白いものに目がないJサポは指揮官の新ネタに大喜びだ。

この騒動の渦中、ひとりの心優しき女性トリサポが、ツイッターで呼びかけるともなく呼びかけた。

「私気がついてしまったの。浅田飴さんが大分トリニータをスポンサードしてくれたら、片野坂監督の前半5分で喉が枯れるってなくなると思うの。ユニフォームの鎖骨スポンサー枠が空いてます……浅田飴さん、同じブルーだし、カタさんの喉を守ってあげて……」

たまたまこの女性サポ「ヨタちゃん」さんが幼少時から愛用している浅田飴の名を挙げただけだそうなのだが、呼びかけた相手があまりにも絶妙すぎた。

のど飴を主力の看板商品とする浅田飴は130年余の歴史を誇る立派な老舗だが、その社風は昔から先進的で風通しがいいらしい。特に6代目にあたる現在の堀内邦彦社長は浅田飴のシュガーレス化を進めた人で、柔軟な発想力で社員をリードしている。エンドユーザーに直接訴求すべくＳＮＳによる広報戦略にも積極的で、企業の公式ツイッターアカウントは「中の人」と名乗る広報担当によりこまめに運営されていた。

その「中の人」がヨタちゃんさんのツイートに気づいて反応した。

「でもお高いんでしょう……？」

このやりとりがきっかけとなって、なんと浅田飴から90缶ものど飴が、カタさん宛てにクラブに送られてきた。当然、トリニータの運営会社である大分フットボールクラブの営業担当は、浅田飴本社へとご挨拶にすっ飛んでいく。こうしてトリニータと浅田飴の企業間交流がはじまった。

もともと律儀な上に、やはりプロだ。カタさんは早速、次の試合から、浅田飴を持ってテクニカルエリアに立つようになった。飛び回りながらピッチに指示を送るカタさんの姿を捉えた映像や写真には、もれなく浅田飴の缶が写り込んでいる。いや、写り込んでいるなどというレベルではない。ポスター広告ですかと訊きたくなるような構図で、はっきりと浅田飴が視認できるのだ。

その写真は多くのノリのいいＪサポによって、またもパンデミックな勢いでツイッター上に拡散された。あまりの見事な浅田飴の写り込みぶりに「コラじゃね？」と声が上がったほどだ。

「それならコラかどうか現地に確かめに行くよ！」

そう言って9月14日、なんと堀内社長がじきじきに、はるばる大分くんだりまでやってきた。自前で調達したというトリニータのレプリカユニフォームまで着用している。クラブハウスでカタさんが挨拶に出てくると、堀内社長はまるでスターにでも会ったかのように感極まり、カタさんも大喜び。二人の握手した手は20秒近くも離れなかった。

報道陣も堀内社長を取り囲む。

「すごいんですよ。記者席から見ていても浅田飴の缶がキラキラしてるのが見えるんです」

「そうなの!?　それはすごいな！　もう声が出なくても光の反射でモールス信号みたいに指示を出せるんじゃないか……あ、そしたら浅田飴は要らないじゃん！」

芸人顔負けのノリツッコミのクオリティーが高い。

そんな堀内社長、さすがは江戸っ子だ。〝粋〟というものを知っている。シーズン残り10試合、うちホームゲームは4試合というこの時期に、ホームゲームのときに設置する看板スポンサーになってくれた。

「だってこれは、やらなきゃダメでしょう」

そう言って「わたしたちもああやってサポーターのみなさんの声に元気をもらっているんです」と笑った。

第33節のホームゲーム、カマタマーレ讃岐戦では、サポーターにのど飴を配布する大盤振舞い。自ら写真でSNSにも登場する堀内社長のキャッチーなタレントぶりは瞬く間にトリサポの心を鷲掴みにし、この一連の〝浅田飴フィーバー〟はJリーグ界隈に一大ムーブメントを巻き起こした。

浅田飴側からは「いちいち大変でしょうからそんなに気を遣ってテクニカルエリアで缶を持ってくださなくてもいいんですよ。試合に集中してください」と言ってもらえたのだが、カタさんはその後もシーズン終了まで、缶を片手にテクニカルエリアに立ち続けた。ただし、御礼としての宣伝のためだけではなく、切実にのど飴を必要としていたからでもあった。指示の合間にひっきりなしに飴を口に放り込む様子が、DAZNの中継を通じても確認できるのだ。

「くれぐれも容量・用法は守ってくださいね」

と堀内社長に心配されたほどだった。

◆そこにシステムはあるのかい？

第33節のカマタマーレ讃岐戦には、相手がブロックを構えてくることを予測して3―5―2システムで臨んだ。トリプルボランチの左右の馬場賢治と小手川宏基がサイドに関わり、数的優位を作って崩す。さらにサイドチェンジを繰り返してカマタマーレのブロックに揺さぶりをかけると、そのズレたところを突いてゴールを割った。

この頃になると引いて守る相手に対しても、複数人が同時に動きながらボールを受けたり、こちらが動くことで相手の視線を動かしたりといった細かい作業の積み重ねで崩す攻め方が次第に浸透し、以前ほど苦戦することはなくなっていた。

また、この試合では主に小手川の立ち位置によって、布陣が3—5—2と3—4—2—1のどちらともつかない形を描いていた。これは以前までの可変システムとは異なり、あくまでも小手川の判断と、それに呼応してスライドしたチームがそう見せていたようだ。

だが、次の第34節・レノファ山口戦は、はっきりと可変システムとして、3—5—2と3—4—2—1とを切り替えていた。

主力の移籍流出や負傷離脱が影響し、13戦白星なしと急激に失速中のレノファは、ここ最近は失点を減らそうとダブルボランチシステムに変更していたが、この試合には従来の4—3—3に戻して臨んだ。レノファがどう出てくるか読めなかったこともあり、カタさんは二つのフォーメーションを行き来しながら戦えるシステムをぶつけた。ブロックを構えるときも5—4—1と5—3—2を使い分けている。カマタマーレ戦とは異なり、攻守や相手の状況によって明確にシステマティックな規律が設けられていたようだ。

前半に先制点を奪われると、カタさんは後半頭から宮阪政樹を下げて清本拓己を投入し、可変システムをやめて3―4―2―1の固定システムへと変更した。ただ、1トップ2シャドーの並びがこれまでとは違っていた。頂点に三平和司、シャドーに清本と伊佐耕平が並ぶ形だ。通常なら伊佐がトップに入り、三平はシャドーのはずだが、今回はそれが逆になっている。2トップだった前半に伊佐が相手に潰される場面が多く、三平のほうが1トップになってもレノファのセンターバックと駆け引きしながら足元でボールを収めることができると読んでの配置だった。もともと前への推進力がある伊佐が2列目で前を向きやすい点でも、理にかなった起用法だ。

こうして時系列をたどりながら見ていくと、カタさんがさまざまな理論や戦術を組み合わせながら戦っていることが浮き彫りになってくる。位置的優位、質的優位、数的優位の3つの観点で組織を構成し動かすポジショナルプレーの概念を、従来の可変システムの考え方に上手く組み込みながら戦術やプランを組み立てている。

それは綿密なスカウティングを行なった上で施す、直近の試合に向けた一試合限定の作戦ということになるのだが、その一戦での経験は経験値やデータとして上積みされ、決して一回きりで終わらないところがミソでもある。

「相手がどう来ても対応できる、いや、もっと言えば、こちらがどうしたいのかが相手にはわからないようにしたい」

チーム戦術として目指している境地について、カタさんはそう語ったことがある。それこそが、選択肢が限りなく細分化された末に、アメーバのように変幻自在な、究極の進化形なのだろう。

◆俺たちにはまだ昇格するだけの力がない!

シーズン大詰めになっても、J2はなお激しい混戦模様を脱していない。1位から7位までが勝点6の間にひしめき合っている。

10月はトリニータにとって上位対決が続く厳しい時期となった。大混戦の上位対決は、毎試合のように天王山となりそうなマッチアップが続く。天王山が山脈を成してそびえている状態だ。メンタル的にもだいぶタフさが求められる。

現在、トリニータは5連勝中の暫定首位だ。奇しくもゼルビアとの前回対戦時も首位だった。ただし、あのときはカタさんが「こんなの首位のチームじゃない！」と激怒する内容で終わっている。そしてシーズン終盤の現在は、同じ首位でもその順位の示す意味は当時とは全く異なっていた。これまではどれだけ好成績でも慎重にそれに触れずにいたカタさん自身が、この頃から「昇格」という言葉を自ら口にしはじめていた。

一方のゼルビアは、台風の影響で2試合未消化ながら、勝点62で暫定3位につけている。施設の未整備により残念ながら2019年J1ライセンスは交付されなかったが、10月1日に大手IT関連企業であるサイバーエージェント社によるクラブ経営権獲得が発表され、急速に今後への展望がひらけてきたところだ。ホームで開催されるトリニータ戦は注目の上位対決だけあって、関係者駐車場がスポンサー関係のみで満車になる事態となっている。ここ4戦は白星から遠ざかっていたが、御前試合とあれば絶対に勝たなくてはならない。

「ゼルビアさんのように守備が堅くプレスも早い、セカンドボール反応も早い相手に対してどれだけトライできるかが、今後につながる。ここでしっかり勝つことができれば自信を持てるし、そういうゲームをして上位に行かなくてはならない。これはJ1昇格にふさわしいかどうかを試される一戦になる」

カタさんはミーティングで選手たちにハッパをかけた。

俺たちにはまだ昇格するだけの力がない！

だが、試合は2―3での逆転負け。1失点目はセットプレーからで、2、3失点目はスローインからの流れだ。要所で体を張れずにゴールを許し、それ以外の球際でもゼルビアの覇気に気圧されたように、セカンドボールをことごとく拾えなかった。ゴールキーパーとの1対1の絶好の決定機を立て続けに逃すなど、メンタル的な問題が浮き彫りになった。6試合ぶりの黒星だが、それ以上にチームとしてのひ弱さが露呈したような内容に、指揮官は打ちひしがれた。

「僕が昇格のことを選手たちに意識させすぎた。選手たちが硬くなってしまった。本当の強さというには、自分たちはまだ甘いのかなという感じがしました」

むしろゼルビアはメンタルだけで勝ってきたようなチームだ。そう言うとなんだか失礼なようだが、ゼルビアの選手たち自身が「俺たちは戦術の弱点を強い気持ちと走ることで補ってきた」と口を揃えるのだから間違いない。数々の国際Aマッチ出場経験を持つエリート指揮官の相馬直樹が育てたチームなのに、そして個々のプレーヤーは高い技術も持っているのに、言うことはみんな高校サッカー部のように体育会系なのだ。

鈴木義宜は試合後、「自分たちが相手をイケイケにさせてしまった」とうなだれた。竹内彬のカマタマーレへの移籍後にキャプテンの任を引き継いだ馬場賢治は「今日負けて何も終わったわけじゃない」と少し無理矢理に前を向いた。

「対策もしていたのだが……弱いです。力不足でした」

シーズン終盤になってダメージの大きな負け方をしたチームを、カタさんがどうマネジメントしていくかが注目された。

◆藤本とエスナイデルの一方的に素敵な関係

フクアリで「開始早々にスコアが動いた」と書けば、また天敵ジェフに先制されたのかと脊髄反射してしまうのがトリサポの性だ。だが、先制点を奪ったのはトリニータのほうだった。

第38節、ジェフユナイテッド千葉戦。前節もアウェイでゼルビアにメンタルをギタギタに傷めつけられた1週間後、チームは相性最悪な相手のホームスタジアムへと乗り込んだ。前回対戦は4―0で快勝したとはいえ、フクアリの独特な雰囲気はいやが上にもアウェイ感をあおる。ゼルビア戦でメンタルひ弱っ子ぶりを披露してしまった選手たちが、J1昇格の懸かったシーズン終盤のプレッシャーをはね退けて、どれだけ自分たちの力を発揮できるだろう。

コイントスに勝った鈴木義宜がエンドを入れ替えてスタートした緊迫のゲーム。雰囲気を一気に好転させたのが、三平和司の先制ゴールだった。

試合開始直後、鈴木からのフィードが前線に収まらなかったところを処理しようとした相手キーパー。ゆっくりとボールに手を伸ばす背後から迫った三平がその足元をつつくと、ボールは転々とゴールへと転がり込んだ。ゴール裏に詰めかけたトリサポの眼前での出来事だ。スタンドを埋めた青い集団が歓喜に沸く。

11分にはビルドアップの隙を突かれて同点に追いつかれたが、この日のトリニータは割り切ったように、徹底的に相手のウィークポイントを殴りにいった。5―4のブロックでジェフの強力な攻撃をしのぎながら、ボールを奪うと前方へ向けて大きくそれを蹴り出す。ジェフのハイプレスを受けてキックの精度はあまり褒められたものではないのだが、蹴り出した先に待っているのは藤本憲明だった。

敵将・エスナイデルお得意のハイラインに対し、ぎりぎりオフサイドにならないところに攻め残って駆け引きしていた藤本が、頭上高く飛んでくるボールをめがけて走り出す。ジェフのセンターバックは2枚ともそれほどスピードがないので、駆けっこでは藤本が一枚上手だった。ボールの落下地点で追いつかれても、それを収めるのは藤本の得意技。ゆったりと相手に体を預けてブロックしながら、バウンドするボールを器用に足元に収めると、あっという間にターンして相手を置き去りにしてチャンスを量産した。

16分、福森直也のフィードに対応しようとして足を滑らせた相手の隙を突いて、藤本が抜け出す。センターサークル付近からの長距離ドリブルカウンターになったが、アンテナで感知でもしているかのように上手い具合に追っ手をブロックしながらペナルティーエリアに到達すると、ぽつんと残っていたゴールキーパーを落ち着いてかわし、再びリードを奪った。

よくやった！

相手がエスナイデルのハイライン・ジェフでなければあんなに長距離のカウンターにはならなかっただろうに！

藤本は21分にも高木駿のフィードに抜け出してビッグチャンスを迎えるが、このシュートはキーパーにキャッチされる。ここまで同じ形でピンチが続いても戦術を変えないのがエスナイデル監督のすごいところだ。

37分の3点目は美しいコンビネーションから生まれた。岩田智輝のフィードを藤本が頭で落とし、それを拾った三平が互いに斜めに走りながらクロスする國分伸太郎に託す。國分が再び裏へと抜け出した藤本にボールを送ると、藤本は自らシュートする可能性も匂わせながら、キーパーとディフェンダーの間に鋭いクロスを入れた。そこに走り込んできたのは三平と星雄次だ。先にさわった三平がスライディングで押し込み、リードを広げる。何度もリプレイして見たくなるような、素晴らしい一連だった。

ジェフにも攻められるが、シュートの精度不足に救われる。44分には先制点の場面に続く相手キーパーの大チョンボが起きた。高木のロングフィードを拾った藤本のシュートを止めようとして、ペナルティーエリアの外なのにもかかわらずボールに手で触れてしまった。

レッドカードか！　キーパー退場か！

場内は騒然としたが、レフェリーが高々と掲げたのは黄色いカード。藤本はシュートモーションに入っていたのではなく、クロスを上げようとしていたと見なされての判定だった。なんとなく釈然としないが、ハイライン戦術のしわ寄せを一身にかぶりながら孤独にゴールを守らなくてはならない相手キーパーが気の毒にもなってくる。

後半、ジェフはサイド攻撃の圧を増して襲いかかってきたが、集中したトリニータの守備網は崩れない。リードした余裕も手伝っているのか、前節のゼルビア戦とは別のチームのように、落ち着き払って組織的守備を遂行している。80分には伊佐耕平のクロスに星が合わせて4点目。残念ながらアディショナルタイムに失点したが、アウェイで天敵に4得点は快勝だ。そしてフクアリで勝利したのは、2012年、J1昇格を果たしたシーズン以来。指揮官以上に昇格という言葉は使わないよう神経を遣ってきたが、最近は指揮官や選手たちが普通に「昇格する」とコメントするので、それを書き起こしているうちに記者もだんだんその気になってくる。

余談だが、この試合のピッチ内アップ中、姫野宥弥が「なんか今日、さんぺーさん点取りそうですね」と三平に声をかけていた。「キーパーの足元とか狙えるんじゃないですか」と、本人は単なる思いつきで言ったのだという。昇格とか優勝とかするチームには、往々にしてこういうことがあるんだよね、とうっかり思って、いや、まだまだだと自分を戒める。

◆ヒートマップひとコマのシンデレラ

背番号10が、やっと結果を出した。

2年連続J3得点王の肩書きを背負って、2018年新体制発表会見に華々しく登場したストライカー。わかりやすい記録保持者であるだけに、寄せられる期待も大きかった。

そのサッカー経歴も話題性に富んでいる。少年団でボールを蹴りはじめた頃は、身長が高くて足が速かったのでセンターバックをやらされていた。ガンバ大阪堺ジュニアに加入してからは3―5―2の右ウイングバック。ジュニアユースではトップ下やフォワードも経験したが、その後に進学した青森山田高校ではサイドバックも務めた。サイドバックとして近畿大学に進んだが、2年目に監督が代わるとまた前線へ。一時期はサッカーへの意欲を失いかけた時期もあったが、それを乗り越えてJクラブのセレクションを受ける。ひとつもかすらず、佐川印刷FCのセレクションにやっと合格して2012年、JFLで社会人デビューすることになった。

早朝からトレーニングし、午後は佐川印刷の社員として工場で印刷物を梱包する作業。それなりに満足していて、仕事の手際もよかった。だが、リーグ戦で結果を出した矢先の2015年10月、会社の事情で廃部が決まる。もうサッカーが続けられなくなるという状況だったが、サッカーの神様は才能を見逃さなかった。J3昇格を目指していた鹿児島ユナイテッドが、対戦時に藤本に目をつけ、オファーしたのだ。

鹿児島1年目の2016年、15得点をマークしていきなりJ3得点王になる。翌年は24得点で2年連続リーグ得点王。当時はJ2ライセンスを持たなかった鹿児島をJ3に残し、個人昇格してJ2のトリニータへと引き抜かれた。2016年J3で対戦したときに藤本のプレーを見たトリサポは「これはいい補強」と大歓喜。2016年J3で得点王争いのワンツーフィニッシュを演じた後藤優介とともにJ2得点王を目指してしまえと意気が揚がった。

だが、開幕戦で1ゴールを挙げたあとは3戦ノーゴール。第4節以降は先発からも外れ、長らく表舞台から消えた。

「背番号10が泣くわ」

サポーターからは批判の的にされた。トリニータでは歴代、背番号10は助っ人外国籍選手が背負うものとされてきた。唯一の例外は、大分県中津市出身でＪＦＡアカデミー福島を卒業後、ルーキーとしてトリニータでデビューした松本昌也だ。２０１５年にＪ３降格を喫した後、２０１６年のトリニータを背負ってほしい思いを込めて、西山強化部長がこの番号を背負わせた。松本昌也は1年でのＪ２復帰を果たし、２０１７年、ジュビロ磐田へと移籍していった。

思い入れの深い地元出身選手以来の日本人背番号10だけに、悪いときの風当たりもキツい。

「所詮Ｊ３止まりの選手だったのかね」

そう言われながら、じっと耐えていた。

ひさびさの先発出場が、第19節の松本山雅戦。そこから2戦連続ゴールを決めると、第22節のヴァンフォーレ甲府戦では2得点を挙げたが、それは３連敗中の２試合目。藤本が先発に戻ったらまた勝てなくなったじゃねーか、と言われつつやっぱり敗れた第23節の大宮アルディージャ戦で、衝撃の事件が起きた。

立ち上がりにいきなり先制点を奪われた後、どうにもこうにも相手ペースで攻撃の形が作れずに前半を終えたハーフタイム。DAZN中継では前半の振り返りとして、注目選手のヒートマップが表示される。この試合で勝利のキーマンとして注目選手に挙げられていた藤本の前半のヒートマップで色づいていたのは、なんと1マスだけだった。配信された瞬間、ツイッターのタイムラインには失笑と罵声が相次いだ。

「地蔵かよ！」

「メッシじゃないんだから！」

「サボるな！　動け！　走れ！」

チームの調子が思わしくないときのサポーターほど恐ろしいものはない。選手や監督叩きは容赦なく、ほとんど言いがかりレベルのものもある。

「片野坂のほうが動いてるよなこれ……」

そうボヤいた声には、思わず笑った。

その後はまたベンチスタートに逆戻り。途中出場を続け、ときどき得点し、というペースで、なかなか波に乗り切れない。それでも徐々にフィットしてきた感触はあった。途中出場でピッチに立っている時間は短いのに、なんだかんだで得点を重ねるようになる。

「いやあ、やっと合ってきましたわ」

シーズン終盤になって、藤本はほっとしたように笑った。どういうことかと聞いてみると、藤本はこれまでのことをようやくゆっくりと話してくれた。

「最初は、チームのやり方に合わせようとしてたんです。このチームはいままでいたところと違って、攻撃にも守備にも細かい約束事が多いから。それで一所懸命やってみたけど、なかなか上手く行かへん。で、あるときふっと思ったんです。俺、自分のサッカーでメシ食ってんのに、誰の正解を探してんのやろって。ただ言いなりに動くだけやったら、誰でもできる。自分のサッカーで、カタさんのサッカーの中で結果を残したいと思ったし、それなら結果を出す自信があった。だから合わせるだけだと思ってひたすらやり続けた」

カタさんは攻撃陣にはできるだけゴールの近くにいてほしいと考える。だから、後ろからのビルドアップが上手くいかないときには、フォワードはひたすら前線で我慢して待たなくてはならない。ボールを受けに下りるタイプのフォワードも多いのだが、そうすると、いざボールを受けたとき、ゴールまでの位置が遠い。

「カタさんも前で駆け引きしろって言うし。ＪＦＬやＪ３のときと違って周りの選手の技術も高くなったから、俺が触らなくてもボールは前にくる。だったら俺はゴール前の落ち着きとか決定力に集中しようと」

中学時代はドリブラーだったし、大学では前線でキープして時間を作っていた。でも、そういうことは他にもっと上手い選手がいる。バランスを取ることにしてもそうだ。だからつねに相手ディフェンダーと駆け引きし続けた。ボールが来なければ、ずっともどかしい思いをすることになる。それがたとえば、アルディージャ戦前半のヒートマップひとコマだ。

他の選手に比べると守備に走ることも少なく、全員が献身的にカバーし合うカタノサッカーにおいて、ほとんどフィニッシャーに特化されている藤本の存在は異質だった。当然、サボっていると見られることもある。それでも藤本はずっとそれを貫いた。言葉で事細かに説明するタイプではない。ピッチで互いのスタイルを出し合って、相互理解を深めていくタイプだ。パスやクロスの出し手を見ながら、フィニッシュの感覚を磨いた。次第に途中出場で得点を重ねるにつれて、チームメイトから認められたことを感じるようになった。

「結果が出せてるからこそみんなが合わせてボールを出してくれてる。結果にこだわった成果」

多分ずっと、こんなふうに生きてきたのだろう。そうやって我慢強く続けながら、ＪＦＬからＪ３、Ｊ２とカテゴリーを上ってきた。ノリは軽いしトークもチャラいが、芯の強さがなければこの実績は成せるものではない。

29歳、遅咲きのシンデレラ・ストライカー。あとひとつカテゴリーを上がれば、国内最高峰のステージだ。

◆得点王、試合前夜に発熱する

前田大然とセルジーニョの2シャドーが揃って負傷離脱したらしいというニュースを、インターネット上で見かけた。

第39節・松本山雅戦直前のことだ。山雅のストロングポイントを際立たせる二人が同時にだなんて、本当の話だろうか。なにしろ敵将はあの反町康治だ。眉ひとつ動かさずに情報戦のひとつやふたつ、仕掛けてきそうだと思った。

残り4試合にして、勝点1差で山雅を追っての首位攻防戦。山雅のメンバー構成が読めない中で、この決戦に向けてはいつも以上に入念に戦術的準備が施された。戦術練習ではカタさん自身もコーチ陣とともに、相手センターバックを演じてシミュレーションを行った。

蓋を開けてみればやはり2シャドーは不在。知将による情報戦ではなく、噂は本物だった。

ここまででリーグ最多の71得点を誇るトリニータと、リーグ最少の33失点という山雅による〝矛盾対決〟だ。「80分までは0―0でもいい」とワンチャンスに懸けるつもりらしい反町監督と、「最少スコアの勝負になる可能性がある。90分間での戦いをマネジメントしなくては」とそれを見越したようなカタさん。双方の読みどおり試合は立ち上がりから堅い展開となり、トリニータが最初に迎えたシュートチャンスは32分だった。それをものにして先制点を奪うと、ボールを保持しながらじっくりとファイティングポーズを取ったが、対する山雅も前線の長身フォワードにボールを集め、セットプレーも含めて力技で押してくる。カタさんは攻守のバランスを保つ交代策でそれをしのぐとウノゼロで逃げ切り、勝点3を積んだトリニータは首位へと返り咲いた。

あかん。優勝してしまう。

ホームゲーム入場者数もじわりと増え、メンバー外となった選手たちも含めてチームの雰囲気がなんとなくいい。山雅戦に勝利したことで、シーズン目標としていた勝点70もクリアした。

今節の山雅が主力2人を欠いていたのに続き、なんと次節の相手である横浜FCも、イバと野村直輝が累積警告により出場停止だ。2試合連続で対戦相手が飛車角落ちになるとは、どう考えても風はトリニータに吹いている。

他のライバルチームの主力にも累積警告リーチの選手がちらほらと目立った。シーズン終盤にはありがちな事態だが、トリニータは年間通じて反則ポイントが極端に少なく、レッドカードでももらわないかぎり、警告によりメンバーを欠くことは最終節までなさそうだ。負傷者もいず、良好なチームコンディションでラストスパートをかけることができるのは、大混戦の終盤では大きなアドバンテージになる。

そう思っていたらなんと、アクシデントが発生した。

第40節・横浜FC戦の日、三ツ沢球技場の記者室で、大分から当日入りした新聞記者が言うのだ。

「僕の乗った飛行機に、なぜか容平がいたんですけど」

鼓膜が破れるレベルの寝耳に水。メンバーの誰かがコンディションを崩して急遽、林が呼び出されたのだろう。でも誰が？　追加招集が林ということは普通に考えればフォワードだ。

チームスタッフをつかまえて訊いてみると、なんと試合前夜に発熱して離脱を余儀なくされたのは、絶好調のチーム得点王・藤本憲明だった。

カタさんは、藤本を置くはずだった1トップに三平和司を配置してこのアクシデントに対応した。だが、藤本と三平ではあまりにタイプが違いすぎる。準備していた対横浜FC戦術が上手く機能せず、指揮官はキックオフからほどなくして、三平とシャドーの馬場賢治の位置を入れ替えた。

のちに馬場はこう振り返った。

「あの試合は、さんぺーが悪かったわけじゃない。試合の中で『ああ、これが藤本だったらな』と感じる場面が何度もあった」

緻密に準備するだけに、戦力の駒が変わるとプランが遂行しづらくなる。後半に入るにあたり、カタさんは三平に代えて伊佐耕平を1トップに入れ、馬場をシャドーに戻してプランを切り替えた。その伊佐が絡んで59分、馬場が先制ゴール。

だが67分、レアンドロ・ドミンゲスの豪快なミドルシュートがクロスバーに弾かれたこぼれ球を押し込まれ、同点に追いつかれる。カタさんは攻撃の色を増すために小手川宏基を下げて國分伸太郎を投入したが、これが完全に裏目に出た。巧妙に立ち位置を取ることでレアンドロ・ドミンゲスを抑えていた小手川がいなくなったことで、横浜FCは額に貼られていた魔除けの札が剥がれたキョンシーのように勢いを得る。72分にはまだ試合に入りきれていなかった國分のファウルによってフリーキックを献上し、ここでもレアンドロ・ドミンゲスのキックからカルフィン・ヨンアピンに頭で叩き込まれて逆転を許した。勢いづいた横浜FCは79分にもレアンドロ・ドミンゲスのフリーキックを田代真一に合わせられて3点目。

レドミ3発か……。

助っ人外国籍選手の反則級のポテンシャルの前に沈められ、屈辱的な敗戦。勝てば昇格争いの混戦から頭ひとつ抜け出せる状況だっただけに、ここで落としたのは痛かった。

松本山雅は東京ヴェルディを1―0で抑え込み、首位に復帰。アビスパ福岡に勝利した町田ゼルビアには勝点で並ばれた。J1ライセンスを持たないゼルビアに昇格枠を潰されるのは絶対に避けたい。

だが、大宮アルディージャがツエーゲン金沢と引き分けたことで、トリニータはプレーオフ圏の6位以内が確定した。

残り2節を2勝で終われれば、2位以内で自動昇格枠を確保できる。だが、第41節のツエーゲン金沢も、最終節のモンテディオ山形も、順位こそ中位ながら上位から地味に勝点を削っている曲者だ。この先の展開は全く予想できない。

敗戦後のミックスゾーンで、立ち尽くす林容平と目が合った。朝5時に起きて始発便で横浜まで駆けつけたのだという。8月の第22節・アルビレックス新潟戦に途中出場して以来、試合から遠ざかっていた。コンディションは悪くないのにメンバーに食い込めず、悶々としていた中での〝穴埋め緊急招集〟だった。さみしそうな林の笑顔が胸に刺さった。シーズン終盤は、たとえJ1昇格争いの渦中にいたとしても、次のシーズンの契約が気になる難しい時期だ。

◆起死回生！　優勝の望みを繋ぐ劇的決勝弾

ボランチの丸谷拓也はピッチの中では目立たない存在だ。小手川宏基もそうだが、直接チャンスに絡まずとも、試合の中で重要な役割を担っていることが多い。いなくなって初めてわかる存在の大きさ。そんなプレーヤーだ。

第41節のツエーゲン金沢戦は、このチームにとって丸谷の存在がいかに大事であるかが、図らずして浮き彫りになった試合だった。毎回こちらのストロングポイントを消しにくる敵将・柳下正明は、今回は丸谷を封じてきたのだ。

ツエーゲンとの前回対戦の第10節、丸谷はアディショナルタイムに劇的なゴールを挙げて、0―0で終わりそうだった試合を勝利へと導いた。その恨みを引きずってでもいるのかと問いただしたくなるほど、立ち上がりから丸谷にぴったりとマンマークをつけて、何も仕事をさせない。丸谷のケア役を担った杉浦恭平は「トリニータの攻撃は丸谷くんからはじまることが多いので、そこを塞いだ」と試合後に明かした。

丸谷が抑えられるだけでこんなにも何もできなくなるのかと、あらためて突きつけられる。相手も丸谷をケアするために人数を割いているわけだから、そのぶん他の選手が自由になれるはずなのだが、ツエーゲンの守備は執拗なまでにトリニータの長所を潰すことを目的としていて、実に効率的だった。

それでも49分、フリーキックからなんとか先制。だが、56分にはすぐに振り出しに戻される。

それでも我慢の時間帯を過ぎ、試合は動きはじめた。66分、カタさんは馬場賢治と丸谷を三平和司と川西翔太に二枚替え。モビリティーを高めてツエーゲンの守備網を崩しにかかる。ツエーゲンは中央に枚数をかけてスピーディーにボールを回しながらトリニータを振り回すが、こちらも負けじと三平と川西がフレキシブルに動きながら流れを手繰り寄せる。交代カードを切りながら、一進一退の激しい攻防。トリニータをひたすら潰しにきた前半とは打って変わって、ツエーゲンもアグレッシブに好機を築いていく。

両軍とも決定機は生み出すのだが、互いに体を投げ出して守り、ゴールは割らせない。終盤になっても白熱の攻め合いが続いていたが、86分、ついにトリニータに劇的な決勝弾が生まれた。松本怜の持ち上がりを受けた三平が再び松本に戻し、松本はそれを逆サイドに張っていた川西へと渡す。息を詰めるように相手と1対1でじりじりと見合っていた川西は、ある瞬間、自慢のテクニックで鮮やかに相手を剥がして置き去りにすると、自ら持ち込んでシュート。弾道は密集を抜けてゴールへと突き刺さった。

長いホイッスルの瞬間、カタさんは浅田飴の缶を握りしめたままガッツポーズした。ここまで来たら、もうなんとしてでも自動昇格したい。上位争いのライバルチームの試合は翌日に開催される。そこでライバルが勝点を落としてくれれば、J2優勝の可能性も濃くなる。

だが、サッカーの神様は最後まで勝負のアヤを楽しみたいらしい。松本山雅が栃木SCを、町田ゼルビアが愛媛FCを、いずれも試合終盤にセットプレーからの1点で下した。それまでは栃木と愛媛も譲らない展開だっただけに、山雅とゼルビアの勝利への執念は余計に強く感じられた。

横浜FCもファジアーノ岡山に勝利しており、大混戦となった2018年J2のJ1昇格争いは、最終節にまでもつれ込むことになった。

◆超絶技巧の貴公子、組織のジレンマ

目の覚めるような個人技だった。

川西翔太のテクニックにはいつだって目を見張らされる。

第7節・ジェフユナイテッド千葉戦で89分に見せたエグザイルゴールも忘れがたいし、第41節のツエーゲン金沢戦の86分の劇的決勝弾に至っては、J1昇格への道を切りひらいた、クラブ史に残る一撃だ。

得点だけではない。そこを見ていたのか、というような絶妙な配球で絶好のチャンスを演出したことも、何度もある。最も重宝されたのはボールをキープできる力で、どれだけ相手が寄せてきても懐深く抱き込みながら、相手を弄ぶように引きずり回して奪われない。ボール奪取力も高く、日本人離

れした所作でひょいっと脚を伸ばして絡め取ってしまう。

だが、２０１８年は川西にとっては、決していいシーズンではなかった。

２０１７年に完全移籍でトリニータにやってきた川西は、奈良市出身で町クラブ育ち。もともとはストライカーで、青森山田高校時代には得点源となってインターハイも制覇した。大阪体育大学を経て、２０１１年にガンバ大阪でプロになる。デビュー戦でゴールを決めるなど華やかな存在感を発揮したが、怪我で長期離脱して出番を減らすと、２０１４年からはＪ２のモンテディオ山形でプレーしていた。

ボランチにコンバートされたのは、モンテディオ時代だ。ガンバ時代に体得したという足元のテクニックを中盤の攻守で開花させたのは、かつてトリニータを率いたこともある名将・石崎信弘だった。

技巧的な川西のプレースタイルは、裏を返せばクセの強さでもある。それは本人にとってはサッカー選手としてのストロングポイントであると同時に生きづらさにもなっていて、多くの指揮官の頭を悩ませる。

トリニータに加入した当初も、まさにそんな感じだった。

プレシーズン、最初は確か、3―4―2―1のシャドーに配置されていた。だが、川西はつねにボールを触っていたいタイプのプレーヤーで、実際に触っていたほうが輝ける。だからビルドアップの際にはどんどん後ろに受けに下がってしまうのだが、カタさんとしてはシャドーにはできるだけ前にいて、1トップ2シャドーのコンビネーションに関わってほしい。それならとボランチに配置すれば、水を得た魚のようにボールを持ってフリーダムに動き回るので、布陣のバランスが崩れてしまう。

テクニックがあるから使いたいのだが、どこで使えばいいのかわからない。まるで個人技はすごいのだが、組織にハマらないブラジル生まれの助っ人のようだ。そんなもったいない理由で、川西はなかなか主力に食い込めなかった。

シャイで人見知りな性格が災いしてツンツンして見えるので、テクニック自慢の王様タイプなのかなと思っていたが、次第にそうではないこともわかってきた。

多分、ものすごく不器用なのだろう。自分がどうすればチームのやり方にフィットできるのか、本気で悩んでいた。周囲の選手たちにも積極的にアドバイスを求め、試行錯誤している。だが、どれだけドライヤーで伸ばしてもねじれてしまうクセ毛のように、川西の川西らしさは揺るぎようがない。

そのうち、チームメイトたちの間に「翔太にボールを預けておけば大丈夫」という信頼感が育ちはじめると、川西は急速にフィット度合を深めた。川西自身も悩みながら丁寧に手探りを続け戦術理解に努める一方で、小手川宏基や三平和司のように気の利くタイプが上手くバランスを取ることで、川西の技巧をチームに組み込んでいった形だ。ひとたび心を開けば誰よりも人懐こい性格もあいまって、周囲に愛される一員となった。

２０１７年Ｊ２第９節の湘南ベルマーレ戦で移籍後初先発し、そのゲームが期待以上に上手く運ぶと、そこからは完全にレギュラーの座を獲得。全試合に先発し、ほとんどにフル出場した。

カタノサッカーの中で手応えを得たと思ったものの、一転、２０１８年は出場機会が激減する。先発したのはわずか4試合。それでも毎試合、後半途中で投入されてはいたのだが、その起用され方が、川西にとってはいささか気の毒だった。上手くいかない時間帯に送り込まれて個人技でなんとかしてくれという交代で、チームの尻拭い役を押しつけられたようにも見える。見方を変えれば逆にそれだけ頼りにされているということになるのだが、選手としてはやはり先発メンバーに入りたかったはずだ。

「別に俺は、自分がチームの中心になりたいなんて全然思ってないねんけど」

と、苦しそうに心の内を吐露したことがある。

「でも俺がピッチに入ったらみんなが俺にボール預けてくれるねん」

いや、そりゃそうなるでしょ、と思う。それだけパスコースに顔を出し、こまめにサポートに動いているということだ。

ただ、存在感が個性的すぎるのが、本人にとっての悲劇だった。

川西のテクニックに依存するようになれば、川西が不在になったとき、チームは全く違ったものになってしまう。個に依存しない組織的サッカーが、カタさんの目指す境地だ。川西の独特のリズムに周囲が合わせる形は、本意ではない。

だからだろうか。カタさんはことあるごとに川西の仕事に感謝しつつ、なかなか川西をレギュラーに据えずにいた。途中出場すれば必ず流れを変えることのできるスーパーサブとして、ベンチに置いておきたかったこともあるのかもしれない。

第41節・ツエーゲン金沢戦の、J1昇格への道を切りひらくゴールを、カタさんはシーズン終了後に出演したテレビの特番で、2018年のベストゴールに挙げていた。それを伝えると川西は、うれしさと悔しさのないまぜになった泣き笑いのような複雑な表情で、「カタさん、そういうとこズルいわ……」とうつむいた。

◆ついにそのときが来た

ついに決着は、最終節へともつれ込んだ。

トリニータは勝点75で2位。首位の松本山雅との勝点差は1で、3位の町田ゼルビアとは勝点で並び、4位・横浜FCが勝点2差で追ってくる。この4チームが優勝の可能性を残しながら、二つの自動昇格枠を争うことになった。

ゼルビアとは得失点差で7のアドバンテージがあるため、トリニータは勝利すれば自動昇格はほぼ確実。引き分け以下ならゼルビアの結果次第で、敗れれば横浜FCに抜かれて4位となる可能性もあり、なかなかにプレッシャーのかかる状況だ。ゼルビアは5位・東京ヴェルディとのダービー、横浜FCはアウェイでヴァンフォーレ甲府と戦う。トリニータが勝って山雅が負ければJ2優勝も決まるが、まずはそのことは忘れて自動昇格枠の確保に全力を注ぎたい。

これほどプレッシャーのかかる状況もなかなかない。だが、戦術的ピリオダイゼーション理論を貫いてきたチームは、いままでの試合とほとんど変わらず「42分の1試合」としての最終節を迎えた。

小雨混じりのNDソフトスタジアム。ミラーゲームは予想どおり、スピード感の乏しい硬い入りとなる。だが、選手たちは落ち着いてボールを動かし、相手が動いた背後を突いて攻めた。これまでやってきたことを確実にやれているといった感じの立ち上がりだ。

18分、このシーズンのトリニータの主要攻撃パターンを象徴するような形で先制点が生まれた。右サイドの連係で相手のマークを剥がして岩田智輝がドリブルで攻め上がり、その勢いのままにグラウンダークロスを送ると、藤本憲明と馬場賢治が相手を引き連れてゴール前になだれ込む背後で、逆サイドに詰めた星雄次が流し込んだ。大分に残っている岸田翔平への第1子誕生を祝う揺りかごダンスが披露される。だが、その後も主導権を握りながら追加点が奪えない。

前半終了時点で山雅、ゼルビア、横浜FCはいずれも0—0という戦況。だが、残り45分、何がどう転ぶかわからない。

後半はモンテディオが主導権を握った。精神的プレッシャーの影響か、トリニータはラインが下がり気味で相手の攻撃を受ける姿勢だ。立て続けのモンテディオのシュートを、高木駿がビッグセーブで掻き出す。

80分、カタさんは他会場の試合経過をコーチに確認した。山雅対ヴォルティスが0—0のままで、ゼルビア対ヴェルディは1—1。横浜FCはヴァンフォーレに1点リード。このままモンテディオに1—0で勝てばトリニータの優勝が決まるが、ゼルビアがヴェルディに勝てば順位を抜かれてしまう。横浜FCがヴァンフォーレに勝っているので最低でも勝点1は確保しなくてはならない。1点のリードを守るか、追加点を取りにいくか。難しい状況だ。

目の前ではトリニータがモンテディオの攻勢を受けていて、失点する可能性は否めない。自力で自動昇格するには勝点3が必要だ。仮にモンテディオに追いつかれたとしてもなんとか2点目を入れたいが、無理に攻撃に出てバランスを崩し、逆に失点して勝点1さえ落としてしまったら元も子もなくなる。とにかくバランスだけは崩さないように落ち着いてやろうと、カタさんは選手たちに声をかけた。

だが、なんとかしのぎ切ればと思っていた90＋1分、ついにモンテディオの圧力に牙城が崩れる。シュートブロックのこぼれ球に走り込んできたアルヴァロ・ロドリゲスの放った弾道が、高木の指先をかすめてゴールへと転がり込んだ。

アディショナルタイムは4分。ゼルビア対ヴェルディはまだ1―1のままだ。こちらがこのまま終わりゼルビアが勝ち越せば順位が入れ替わり、自動昇格枠を明け渡すことになる。奇しくも1999年J2最終節のモンテディオ山形戦、やはりアディショナルタイムに1―1に追いつかれてJ1昇格を逃した記憶が頭を過ぎる。

カタさんは疲労した藤本憲明に代えて林容平をピッチに送り込んだ。ここは交代で時間を使って勝点1を死守したい。テクニカルエリアから必死で「ゆっくり戻ってこい」と合図するが、藤本としては横浜FC戦の日、自分が発熱したときに代わりに駆けつけてくれた林に点を取らせたい思いもあって複雑だ。実際に林がペナルティーエリア脇でボールを収める場面があった。仕掛ければゴールも狙えるが、下手にロストすればカウンターを食らって勝点1さえも失いかねない。

林は大人の選択をして、仕掛けなかった。そのまま長いホイッスルを聞き、選手たちはベンチで、ゼルビア対ヴェルディが終わるまでの長い長い数分間を待つことになった。

どれだけの人数がスマートフォンの画面をリロードし続けただろう。スタジアムのＷｉＦｉは負荷マックスなのか、Ｊリーグ公式サイトがなかなか読み込めない。ＤＡＺＮに至ってはずっとクルクル状態だ。祈るような時間に集中していたとき、アウェイ側ゴール裏で歓声が上がった。ゼルビアがヴェルディと引き分けたのだ。最初にそれに気づいたのは那須川将大だった。両手を上げてサポーターのほうへ駆け出すと、ベンチを飛び出した選手たちが次々にそれに続いた。

大分トリニータ、２０１８年Ｊ２リーグ２位で、Ｊ１自動昇格達成。

長い長い42分の1試合×42節だった。

試合後のゴール裏は喜びでカオス状態だった。

Ｊ３から這い上がってきた松本怜が、整った顔をぐしゃぐしゃにしながら男泣きに濡れている。前田凌佑はすでに号泣状態だ。試合に出ていた選手も、あまり絡めなかった選手も、抱き合って団子になって歓喜を分かち合った。

そのとき、みんなのスマートフォンが一斉に震える。

「イサスタグラムだーーー！」

負傷のため帯同せず、大分に残っていた伊佐耕平が、ここでＭＶＰクラスの仕事をした。

勝利試合後に伊佐が移動のバス車内で更新するインスタグラムが、いつしか恒例となり、「イサスタグラム」と呼ばれつつサポーターを楽しませていた。選手たちのガッツポーズや変顔、ちょっとシャイな一言コメント。ひとりひとりのパーソナリティーが垣間見える動画の数々を、勝利後のご褒美のように、パブロフの犬状態でみんな待っていたのだ。

伊佐のいない最終節、残念ながらイサスタグラムはないと思っていた。そこに送られてきた、まったく抜き打ちの配信だ。

大分に残っているメンバー、スタッフ、クラブ関係者たちが、クラブハウスに集まってモンテディオ戦をＤＡＺＮで見守っていた。彼らひとりひとりの笑顔とガッツポーズを、伊佐のカメラが追っている。

あかん反則や。泣くやん、こんなの！

すかさず藤本が自分のスマートフォンで〝インスタグラム返し〟した。ＮＤスタジアムのメンバーたちの姿を、大分にいる仲間に届ける。もう、なんでインスタでつながってんの。このチームよすぎる。

カタさんも選手に遅れて到着すると、メガホンを持たされてサポーターに挨拶した。

「みなさーん！」

と叫んだ声が、カッサカサに嗄れながらも聞き取れるレベルだったことに、スタンドが沸いた。最初の頃は声が出ないことが笑いを呼んでいたのだが、いまではすっかり、声が出るほうがウケるようになっている。

3年前、古巣の危機を救いにきたと宣言した男は、いま本当に、救世主となった。

◆救世主、大分の地にとどまる

「J3優勝して一年でJ2復帰を果たしたときと、今回のJ1昇格と。どっちがうれしいですか」

会議室で向き合って問いかけると、カタさんは穏やかに笑った。

「そりゃもう、3年前ですよ。あのときは絶対に一年でJ2に復帰しなきゃいけないというプレッシャーがありましたから」

2016年11月20日、J3最終節・ガイナーレ鳥取戦に4―2で勝利してリーグ優勝を決めた瞬間、カタさんはテクニカルエリアで突っ伏して、体を丸めたまま人目もはばからず号泣した。

その姿が中継カメラに抜かれると、あっという間にキャプチャー画像がインターネットを駆けめぐった。中には背中にカメの甲羅写真を切り貼りして〝カメ野坂〟状態にした雑コラ画像まであって笑いを誘った。

J1自動昇格が決まってからというもの、カタさんは毎日、取材対応に追われている。スポンサーをはじめ、お世話になった人たちにも挨拶に回らねばならず、救世主はシーズン中とは別の意味で忙しい日々を過ごしていた。

シーズン終盤が近づいた頃、周辺で、まことしやかに囁かれていた噂があった。

カタさんを日本代表スタッフに招聘するというのだ。

ワールドカップロシア大会が終わって新たに日本代表監督に就任したのは、2017年10月から五輪代表監督も兼任している森保一だ。森保監督は現役時代、サンフレッチェ広島でカタさんの先輩としてプレーしていた。また、2012年からはミハイロ・ペトロヴィッチの後任としてサンフレッチェの指揮官となり、コーチだったカタさんとともにチームに初のタイトルをもたらしている。

森保代表監督が誕生した当初から、チームスタッフは当時のサンフレッチェを支えたメンバーで固めるのではないかという話がちらほらと聞こえていた。実際に横内昭展ヘッドコーチ、下田崇ゴールキーパーコーチ、松本良一フィジカルコーチらが次々に代表スタッフ入りしている。

コーチ時代に名参謀ぶりを発揮したカタさんに声がかかっても不思議ではなかった。

そんな噂をさらに増幅させたのが、2018年11月16日、キリンチャレンジカップ・ベネズエラ代表戦の大分スポーツ公園総合競技場での開催だった。ちょうど試合日はJ2最終節の前日にあたる。森保監督率いる代表チームは11月12日に大分入りし、トリニータがいつも練習している大分スポーツ公園内の競技場でトレーニングした。当然、カタさんもスタッフをともなって代表のトレーニングを視察し、森保監督とも話をしている。

「ダメ。カタさんだけは絶対ダメ！」

噂が広まるとトリサポたちはストレートに取り乱した。当然だ。J3降格による絶望のどん底からJ1昇格争いをする状態にまで、こんなに短期間でV字回復させてくれた救世主を、みすみす手放すことなどできない。

だが、代表スタッフとして日本サッカーの最先端を肌で経験するのも魅力的だろうと思った。2020年は東京五輪だ。自国開催のオリンピックにチームスタッフとして関われる経験など、望んで手に入るものではない。

J1昇格していなかったら、トリニータを離れて代表に行っていたのではないか。そう思ったので、軽くカマをかけさせてもらった。

「代表スタッフ入りの話は、J1昇格したことで協会側が忖度してくださったということでしたね」

こういう質問にもカタさんは、いつも誠実に答えてくれる。

「まあ、そうですね。そういう話はちょっといただいたんですけど、トリニータでのここまでの積み上げがあったりするので、決断するまでには少し考えさせてもらいました」

考えたんかい！

心中では全力でツッコんでしまう。

「じゃあ、もしも昇格を逃していたら、どうされてましたか」

そう訊くと、カタさんは即答した。

「そうだとしても、代表のほうには行かなかったです。トリニータに残ってもう一度チャレンジしていました」

そんなやりとりをしながら思い出していたのは、２０１７年Ｊ２第41節・徳島ヴォルティス戦の試合後のことだ。その日、０―１で敗れたことで、トリニータはプレーオフ圏外順位が確定し、Ｊ１昇格の可能性を断たれた。カタさんは試合後記者会見の壇上に座ると、このときも滂沱の涙を流した。

「……悔しい」

手で顔を覆って泣きじゃくる指揮官に向けて、フラッシュが焚かれおびただしいシャッターが切られた。

「撮らないでください。惨めなので」

制しながら話し続けた姿は、いまも鮮烈に記憶に残っている。２０１７年の最初の目標は、Ｊ２残留だった。戦績に応じて少しずつ目標を上方修正しながら、最終目標は一桁順位。十分にクリアできる状態だ。冷静に考えて、よくやったと思っていた。指揮官自身、つねに足元を見ながら現実的な目標を立て続けていたので、なんと客観的な視点を損なわない人物だろうと感じ入っていたのだ。だから正直、２０１７年にＪ１昇格を逃してのこの悔しがり方は、少し意外だった。いつも極力、表情を抑制して何事にも一喜一憂しない強固なスタンスを保つ指揮官は、生死に関わるような修羅場で訓練を積んできた戦士のようだと思っていた。それが強い意志の力でコントロールされていたもので、ひとたび決壊するとこんなに豊かな表情を見せるのかと、あらためて現場の最前線に立つサッカー監督という仕事の重圧を知った。

あのときも、会見を終えてすぐに訊いたのだ。

「来シーズンはどうするんですか?」

界隈では複数のＪクラブから監督就任のオファーが来ていると噂されていた。カタさんは「まだ、これからクラブと話をします」と答えたあと、こう付け加えた。

「……でも、悔しいですからね」

その一言を聞いたとき、よっしゃ続投だ、と心の中でガッツポーズしてしまった。

なにしろ、これだけ精魂込めて育てているチームだ。戦術だって、ベースは一貫しつつ急速かつさまざまに進化しつつある。

ともあれ、J3で監督キャリアをスタートしたカタさんが4年目にして国内最高峰のステージに挑む、その事実だけで、毎日が楽しくて仕方ない。

◆データで読み解くカタノサッカー

2018年のカタノサッカーには、大きなトピックが2つある。

ひとつは、反則ポイントの少なさだ。42試合を終えて、反則ポイント数はマイナス45、警告数は21。反則ポイントが2番目に少ないのはアルビレックス新潟の13で、警告数が次に少ないのは東京ヴェルディの38なので、どれだけクリーンなスタイルかということになる。

カタさんにその理由を訊ねてみても、「普段から口酸っぱくファウルやラフプレーをするなと言い聞かせているから、意識づけられてるんじゃないですかね……」と戦術とは無関係な様子だ。

選手たちも特に思い当たる節はないと言っていたが、スタイルや戦術と関係がありそうな気がする。

いろいろと探っていくと、チームタックル数1位の丸谷拓也がこう言った。

「多分、準備した上で守備ができてるからだと思います。前線からプレッシャーをかけてパスコースを制限することで効率的に守れるから、後手に回ってファウルしなくちゃ止められないという場面に、あまりならないんじゃないかな」

同様のことをしているチームは数多くあれど、ここまで極端に数値に表れるのは興味深い現象だ。ただし、失点も少なくなく、51失点はリーグワースト10位にあたる。

もうひとつは攻撃面だ。シーズン通算76得点はリーグ最多ゴール数。チームには二桁得点者が4人いる。藤本憲明と馬場賢治がそれぞれ12得点。後藤優介と三平和司がそれぞれ10得点。これは特定のストライカー個人のポテンシャルに頼ることなく、戦術的にコレクティブなサッカーを体現できていた、何よりの証拠だ。

ちなみにシーズンを追うごとにチームの得意の攻撃の形となっていった、右サイドからの組み立て。10アシストを記録した右ウイングバックの松本怜が1シーズンで上げたクロスは229本。逆サイドのウイングバック星雄次のクロス数が102本であることを踏まえても、右サイドがいかにアグレッシブだったかが見て取れる。

その松本のクロスを逆サイドから入ってきてフィニッシュしていたのが星で、シュート数は45本。それを知った松本は「えっ、アイツ45本もシュート打ってるの。もうちょっと決めてほしいよ……」と苦笑いした。星のシーズン通算は5得点だ。

そう考えると、藤本のシュート数30に対しての12得点は、やはり抜群の決定率と言える。ただ、藤本に限らず、チーム内高得点者の決定力について疑う余地はないが、これも後方からビルドアップしていく過程で、ゴール前でより優位な状況を作り出せていたからこその記録でもある。また、出場時間が短い中で得点を重ねているのは、指揮官の交代カードの切り方とタイミングがハマっていたからだと言えよう。逆に伊佐耕平などは押し込まれた状況を打開するためにカウンター要員として途中投入されたり、スペースを消された中での収め役として起用されたりしていたため、遠目からだったり無理な体勢だったりでシュートを打つことが多かった。シュート数45本に対する決定率の低さはそのためで、そのぶんのエネルギーがどこに使われていたかは、敵陣空中戦数１０９回、勝率56・９％という数字を見れば明らかだ。

こうしてデータを分析していくと、カタノサッカーがいかにプレーヤー個々の特長を生かしつつ組織的に戦っているかが浮き彫りになってくる。Ｊ１でもいい数値をマークできるかどうかが楽しみだった。

◆叩き上げストライカー、全国にバレる

２０１９年Ｊ１、18位からのスタート。

カタさん自身もそう言ったが、実際にそうだった。

西山強化部長は「年間予算で言えば間違いなくダントツで最少」と言い切る。一時期の、目のまわるような経営難からはクラブも見違えるほど回復しているのだが、それでも、並み居るＪ１のビッグクラブとは雲泥の差があった。それは地域密着型のクラブには埋められない差であり、そして埋めようとしなくてもいい差でもある。

各専門誌やサッカー番組で恒例となっている開幕前順位予想では、もれなく最下位のＪ２降格候補ナンバーワンに挙げられた。

さすがの指揮官も試合前、選手たちにこんな言葉をかけた。

「アウェイで鹿島と戦う、Ｊ１のこの雰囲気を楽しもう」

……ちょっとちょっと。勝てると思ってないよね？

期待と不安に打ち震えながら迎えた2019年J1開幕戦。相手はアジア王者の鹿島アントラーズだ。なんでよりによってアントラーズなのか。しかもアウェイだ。あの美しい深紅に染め上げられたカシマスタジアムで、大敗する惨めな我が軍の姿を、シーズンしょっぱなから見せつけられなくてはならないとは。

そう思ってフタを開けてみたら、なんといきなり勝ってしまった。とんでもない大番狂わせだ。昇格組の地方弱小クラブがアジア王者を敵地で下したことももちろんだが、その事実を吹き飛ばす勢いでこの試合のヒーローとなったのは、藤本憲明だった。

19分、テンポよく繋がれてゴール正面で受けたボールを、少し持ち出してシュート。弾道は相手守護神の頭上を越えて鮮やかにネットを揺らした。チームの今季公式戦初ゴールで先制。藤本にとっては3年連続の開幕ゴールであるとともに、JFL、J3、J2、J1、自身の所属した全カテゴリーでの開幕ゴールという華々しい記録達成の瞬間でもあった。

一度は追いつかれたものの、69分には再び藤本のゴールでリードを奪い、そのままトリニータが勝利。6シーズンぶりのJ1で、幸先よく白星発進した。

大変だったのは試合後だ。全報道陣が藤本に飛びついた。なにしろそのサッカー経歴に話題性がある。……と、お馴染みのわれわれにとっては一年前の今頃のデジャヴでしかないのだが、J1さまの舞台となれば、実にいろいろな報道陣が来る。あたりまえにアントラーズ開幕戦の取材に来て、来てみたらなんだか面白いストライカーを発見した。なに、ＪＦＬからの成り上がり？　年代別代表経験もないの？　それがＪ１デビューで開幕ゴール？　すごいじゃん！

そんなふうに顔をテカテカさせながらミックスゾーンで藤本を待ち構える報道陣たちを横目に見ながら、大分からやってきた記者たちはまったりしていた。しかも、こんな日にかぎって藤本がドーピング検査のクジを引き当てたという。どんだけ持ってんねーん！　と裏拳でツッコみたい気分だ。

2月終わりの鹿島、夜は冷え込む。どれだけ汗をかいたのか、藤本はなかなか出てこない。タイムリミットが訪れてチームバスは先に出発してしまった。それでも藤本を待つ報道陣の数は減らない。ようやく藤本が姿を現したのは、試合終了後2時間が経過した19時近くだった。ターゲットに群がる黒山の報道陣。ガタイのいい一人の新聞記者がダッシュに成功して藤本の正面ポジションを確保し、質問の口火を切った。

ところがその記者は藤本のことを初めて知る様子で、日頃からＪリーグを取材している記者や大分からはるばる鹿島までやってきた記者なら常識として知っている藤本の経歴を、根掘り葉掘り聞きはじめた。

あの、そんなことは事前に調べておいて、今日は今日の試合のことをですね……と言いたくて仕方ない。周囲で他の記者が困惑しながら目で合図を送ってくる。知らんがな、こっちに振らないでよ、と目で返事しつつ、時計が気になる。速報原稿の締切も、記者室を使えるリミットも、刻々と迫っている。

「うんうん。……で？　ＪＦＬの佐川？　から、どこに移籍したの？」

かごしまゆないてっどえふしーですけど何か、と代わりに先に答えたいくらい焦るのだが、めでたいことなので言い出せない。藤本も少し困惑しながら時折われわれに視線を送っているのが少し面白くもある。

こんなにも藤本のことを知らない人が取材に来るんだなあ……そして宝物でも発見したかのようにこんなにも藤本に食いつくんだなあ……と、気は焦りながらも一方では感慨にふけってしまう。

15分の囲み取材時間のほとんどをそんな調子で過ごし、われわれにとっては少し物足りない取材内容にはなってしまったが、そうだな、われわれもチーム同様、ひさびさのＪ１のミックスゾーンの、この雰囲気を楽しめばいいのかな、と思う。

ウチらいままでコツコツと取材してきたのにねえ、と大分から来た記者たちと言い合いながらホテルに帰った翌朝、コンビニ店頭に並ぶスポーツ新聞の一面にデカデカと並ぶ「藤本」「藤本」「大分」「藤本」。

バレたな。

自分たちだけの宝物が見つかってＳＮＳにさらされたような、うれしさと恥ずかしさとちょっとだけのさみしさと。

でも、まだまだこれからだ。

今日は藤本のキャラクターの前にかすんでしまったけれど、カタノサッカーが一世を風靡する日が、必ず来ると思っていた。

◆参上! J2オールスターズ

2019年J1に臨む大分トリニータの面々も、話題を呼んだ。人呼んで〝J2オールスターズ〟だ。

2018年のチームから、林容平、川西翔太、清本拓己、宮阪政樹、那須川将大、ファン・ソンスらが去った。2015年からチームを精神面で支えてきたベテラン守護神の修行智仁がトリニータを離れたのも大きな変化だった。

入れ換わりに入ってきたのは、2018年J2得点ランク2位のオナイウ阿道、高校時代から天才と呼ばれレノファ山口の躍進に貢献した小塚和季、柏レイソルユース黄金世代のセンターバックながらＪＦＬからＪ１まであらゆるカテゴリーを渡り歩いてきた島川俊郎、水戸ホーリーホック戦で途中出場し元気なアクセントとして苦しめられた伊藤涼太郎、２０１８年Ｊ２最終節、モンテディオ山形の厄介な攻撃陣の一人だった小林成豪らだ。

つまり、この2年の間にＪ２で対戦してきた中で、印象深かったプレーヤーたちだった。小塚と島川は、2度の対戦で10得点を奪ったヴァンフォーレ甲府のメンバーだ。それ以外では２０１４年Ｊ２最強〝湘南スタイル〟のメンバーだった高山薫と三竿雄斗がいる。

彼らのほとんどはＪ１でのプレー経験に乏しい。高山や三竿は湘南ベルマーレでＪ１経験を積んでいるが、他の即戦力候補の新加入選手はＪ１を知らず、在籍していたとしても出場機会に恵まれずにカテゴリーを落としてプレーしていた。ただ、移籍先のＪ２のチームでは主力として実績を積んだ面々ばかりだ。

西山強化部長は説明する。

「限られた予算の中でチーム編成を考えたとき、Ｊ１でコンスタントに出場している選手を獲るのは難しい。かと言って試合から遠ざかっている選手を獲得しても、フィットに時間がかかったりする。昨シーズンのＪ２を見たときに、上位クラスの活躍をした選手であれば、Ｊ１でも通用するのではないかと考えました」

Ｊ１では未知数だが、Ｊ２では高評価。その中から、カタノサッカーにフィットし、かつ、その骨格を太くできるプレーヤーをピックアップした。継続性も前年に続き維持されている。

引き続きトリニータでプレーする選手たちにとっても、Ｊ１は未知の領域であったり、リベンジすべきステージであったりした。

松本怜にとってはマリノスからトリニータに移籍し、「こんなところでは終わらない」と自身に言い聞かせた２０１３年以来のＪ１だ。今度こそ絶好調の自分でトリニータをＪ１に残留させたい。ルーキーイヤーにＪ３降格を経験した鈴木義宜や福森直也にとっては初めての挑戦だし、丸谷拓也はサンフレッチェでは定着できなかったレギュラーに、トリニータで食い込みたいところ。

そしてトリサポが最も感慨にふけったのが、三平和司だった。２０１１年に湘南ベルマーレから期限付き移籍し、移籍期間を延長した２０１２年に14得点を叩き出してチームのＪ１昇格を後押ししたにもかかわらず、契約の関係で２０１３年はＪ２の京都サンガに移籍。底抜けに明るいキャラクターと元気いっぱいに走るプレースタイルでサポーターに大人気の〝さんぺー〟と、あのシーズン、一緒にＪ１で戦えなかったことが、トリサポにとってはずっと心残りだった。

だから２０１５年に三平が再びトリニータの選手になったとき、「今度こそさんぺーとＪ１へ！」と思ったのだ。なのにチームは逆にＪ３降格。

「でも俺、今度はトリニータに骨を埋めるつもりで帰ってきたから」

そんな泣かせることを言って、J3で戦うことを選んだ経緯もある。勝てなくて苦しい時期もいつもひたむきに前を向き、プレーも気遣いも細やかで、ファンサービスではバカ騒ぎもできるムードメーカー。2018年終盤、タフな混戦を乗り切って自動昇格を掴んだ陰には、「さんぺーとJ1に行きたい」というトリサポたちの強い思いも作用していたような気がする。

それに呼応するように三平はシーズン終盤になってゴールを量産した。DAZNの試合後インタビューで毎回ふざけたことを言っては笑いを取るので、それを面白がったディレクターのおかげで三平の露出も増え、アクの強いゴールパフォーマンスとともに「大分にヘンなのがいる！」とJリーグファン界隈で認知度を高めた。

すべてが上昇気流に巻き込まれていくように、J1昇格が決まったとき、多くのトリサポが三平のJ1での活躍を想像して胸をふくらませた。

だが、エンターテイナーはどこまでもエンターテイナーだ。

楽しみにしていたプレシーズンの鹿児島キャンプに、三平の姿がない。なんとチーム始動早々にインフルエンザに罹患して、家に隔離されていた。その後は小さな怪我もして、完全に出遅れた形だ。

ともあれ、三平とJ1で戦える準備も整った。

既存戦力も新加入選手も、それを取り巻く人たちも。それぞれがそれぞれのありようで、過去の自分を乗り越えるチャンスのスタートラインに立っている。

◆バレないうちに勝点を積み上げるんだ！

開幕戦でしょっぱなからアントラーズに勝利して自らハードルを上げた感もあったが、昇格組同士の対戦となった第2節の松本山雅戦には、あえなく0―1で敗れた。

なんとこの試合でトリニータの放ったシュートは、わずか1本だ。それだけ見事に、山雅はトリニータのストロングポイントを完璧に封じてきた。それはそうだ。J2時代にさんざん対戦を重ねてきた山雅とは、互いに長所も短所も知り尽くしている。知将・反町康治の眼鏡にかかれば、奇襲でもかけないかぎり、きちんと戦術分析され対策されてしまうのだ。

「もう何度もやってますしねえ。開幕戦の藤本にしたって、鹿島が知らなかっただけで、ああいったプレーはJ2でも得意としてずっとやってましたし……おっと、あんまり喋ると片野坂さんに叱られるかな」

試合後の敵将は超ゴキゲンで、言葉も軽やかだった。くっそー、と思いつつ、本当なので何も言えない。

アントラーズがカタノサッカーを知らないから勝てただけだというふうには思いたくなかったが、思い当たる節も多々ある。確かに藤本だって今後は研究されてくるだろうし、過去にＪ２で対策されたように、これからのＪ１でも要所を抑えられれば勝つのは難しくなるかもしれない。

シーズン開幕から日が浅い現時点での、チームの完成度の差もある。前年にＪ１昇格を支えたレギュラーメンバーのほとんどが引き続き在籍しているトリニータは、ある程度チームのベースが確立した地点からスタートしている。それに新戦力が上積みされるので、たとえ相手がＪ１といえど、戦力が大幅に入れ替わったり新しい戦術にトライしたりしているチームに比べれば、スムーズにスタイルを表現できるはずだ。

第３節のジュビロ磐田戦では、まさにそれが感じられた。

ジュビロは最近、ペップ・グアルディオラが採用している偽サイドバック戦術の要素を取り入れている。ただ、着手してから日が浅いので、チーム内でもまだあまり整理されていない。外国籍選手がかなり自由に動き回るので、別の選手がそれをカバーしに行く。さらに別の選手がそれをカバーしつつ戦術的タスクもこなさなくてはならないという悪循環が見られることもあり、この戦術がチームに浸透するにはもう少し辛抱が必要そうだった。クレバーな選手が多いので、当面は彼らに犠牲になってもらうことになるのだろうが、もともとポテンシャルの高いチームだ。戦術が浸透すれば自然と浮上するだろう。

一方で、J1残留を目標とするトリニータは、相手が未成熟な間に、したたかに勝点を積んでおかなくてはならない。偽サイドバックの空けたスペースを突いて13分に藤本が先制点を挙げると、30分にはその藤本のカウンターを止めようとしたジュビロのセンターバックが一発退場に。退場者が出たためジュビロがあまりスペースを空けなくなり、当初のプランはほとんど無効になってしまったが、ブラジル人フォワードのアクロバティックな一撃にやられた以外は失点もせず、数的優位を生かして追加点を取ると、2─1でシーズン2勝目をものにした。

第4節の横浜F・マリノス戦は、戦術的に見応えのある一戦となった。マリノスも偽サイドバックを採用しており、そのポイントでの狙いどころはジュビロと似ている。ただ、ジュビロのシステムが4─2─3─1だったのに対し、マリノスは4─3─3で、中盤から前線にかけ流動的に相手守備網を崩しにかかる。これに対してカタさんは、こちらも中盤の枚数を合わせた3─5─2の布陣で臨んだ。マリノスの中盤の3と枚数を合わせてトリプルボランチにするとともに、サイドとも連係しながら中に入ってくるサイドバックをケアする狙いの布陣だった。互いのプレーヤーの特徴も考慮した上で選んだ戦力をぶつける。しっかりとマークして自由を奪い、状況に応じて受け渡しながら、マリノスの攻撃を複雑にする要所をケアした。

2トップから激しくプレスをかけてパスコースを限定しつつ、縦に入ったところを狙うプラン。そこで奪いきれないとマリノスの強烈な3トップに攻められてしまうのだが、最終ラインとウイングバックやボランチも体を張って対応した。1対1でも負けずに競り合い、ときには協力してボールを奪うと、流動的に攻めていたマリノスの切り替えより早く、守備の手薄なところを突いて攻め返した。

マリノスの激しいハイプレスが、カタノサッカーの醍醐味を増幅してみせた。相手フォワードが圧力をかけてくるのを、ぎりぎりまで引きつけてからパスを出す。そのいなし具合が、これまでカタノサッカーを見たことのなかったJ1サポーターたちを魅了した。

戦術のハマる楽しさを存分に味わいながら2―0で快勝して、この試合を見たJリーグサポーターたちのトリニータへの関心は一気に高まった。

第5節のサンフレッチェ広島戦は3―4―2―1のミラーゲームで、第2節の山雅戦とほぼ同じ様相を呈した。どうにも守備的な相手とのミラーゲームに弱い。最初は互いの潰し合いの我慢比べだったのだが、先制点を奪われた後はひたすらブロックを崩す作業に徹しなくてはならなかった。結果、0―1で2敗目を喫する。

J2時代から、この課題は変わらない。前年終盤には克服して引いた相手を崩せるようにもなっていたのだが、今回もそのオプションを繰り出そうとしたときには上手くいかなかった。なぜなら一部の選手が入れ替わっていたからだ。積み上げてきたすべてを共有するには、まだ時間が足りない。やるべきことは山積していた。

◆カタノサッカー、ミシャ式に挑む

そしてついに、この日がやってきた。第6節、北海道コンサドーレ札幌戦。率いるのはサンフレッチェ広島時代、カタさんに多大なる影響を与えた先駆者、ミハイロ・ペトロヴィッチだ。

要は〝ミシャ式〟の本家と分家の師弟対決なのだが、ペトロヴィッチのほうも2013年に浦和レッズの監督になり、さらに2018年からコンサドーレの指揮官となって、サンフレッチェ時代とは少しずつ戦術が変化している。ミシャ式をベースにスタートしたカタノサッカーも、実戦を重ねながら独自の進化をたどってきており、それらがピッチ上でぶつかり合ったときにどんな戦いが繰り広げられるのかが、おそろしく興味深かった。

「カタの活躍はずっと見ているよ」とペトロヴィッチが言い、「お互い攻撃的な、見ていて楽しい面白い試合になれば」とカタさんも期して、二人はまだ周辺に積雪の残る札幌ドームで再会した。

弟子と言えど、勝負はシビアだ。いや、弟子だからこそ、師匠を越えていかなくてはならない。そう簡単に越えられるものではないと思っているから、全力でいける。カタさんは立ち上がりから全力で向かった。

3―4―2―1同士のぶつかり合いで、どちらも攻撃的に前に出る。カタさんはそれを利用して、いきなり相手の背後を突いた。守備時には最終ラインに下りるウイングバックがキックオフと同時に前に出た瞬間、1トップの藤本憲明がそのスペースに流れてボールを収めようとした。狙いは上手くいったが、相手ディフェンダーにボールを奪われて、一発目は失敗に終わる。

二発目は成功した。今度は同じスペースに小塚和季が抜け出す。相手が寄せてくるのを見ると、少し持ち出してそれを剥がした。トリニータはこれまで、右サイドの松本怜からのクロスに藤本がニアで合わせるワンタッチゴールを得意としている。それは多分、研究されているだろう。そこまで読んで小塚は、相手の裏をかくようにファーへと浮き球を送った。

やや反応が遅れたが、左サイドから走り込んできた星雄次がぎりぎりで間に合った。スライディングで伸ばした脚で折り返したボールは、ゴール前に詰めていた藤本の正面に見事なまでに正確に飛んだ。藤本、またも得意のワンタッチゴール。開始2分での先制弾だ。

26分にはやはり同じ形で、今度は松本がスペースに抜け出した。マッチアップするコンサドーレの左ウイングバックとすれ違いながら背後を取る鋭さは、まるで居合の石川五ェ門のようだった。

「またつまらぬものを斬ってしまった……」

と言わんばかりに抜け出しての、お得意のマイナスのクロス。定番の形に飛び込んだ藤本を阻もうとして、相手センターバックのオウンゴールを誘った。狙いどおりの形から2点目だ。

だが、ミシャ師匠もそのままでは終わらない。後半は交代も交えて選手の配置を変えながら、トリニータに圧力をかけていった。前半は抜かれっぱなしだったコンサドーレの両ウイングバックが高い位置まで押し込むようになり、トリニータはずるずるとラインを下げる。押し戻したいのだが、相手が器用に動いてプレスを回避するため、前線からの守備がハマらない。ボールホルダーがフリーで配球するものだから、すっかりコンサドーレのペースだ。69分、今度はこちらがオウンゴール。1点差に詰め寄られる。

交代カードを切っても、リードを守り抜くのか追加点を取りにいくのかが中途半端になった。同点になるのは時間の問題という展開を必死でしのぎながらなんとか逃げ切ると、片野坂トリニータはミシャ・コンサドーレを2―1で下した。

試合後にカタさんは、ハーフタイムの自分の指示により選手たちが守備の意識に傾いてしまったと悔やんだ。そして会見で、こう付け加えた。

「このJ1のリーグ戦を戦う中で、守りきって勝つというよりはしっかりと攻めて2―0から3―0、もしくは4―0というふうにチャレンジしなくてはならないと、試合後にコーチ陣と話していて感じました」

自身のサッカー観に大きな影響を及ぼした師との対戦を通じ、あらためてその思いを強くしたのだろう。

ロッカールームに戻るカタさんは、会見場に向かうミシャさんとエレベーターホールで鉢合わせすると、もう一度ガッシリと硬く抱き合った。次に師弟が再会するのは7月。大分での第19節だ。

◆悩めるストライカー再び

180センチ75キロの肢体から繰り出される、伸びやかなストライド。ナイジェリア人の父と日本人の母から生まれたしなやかな躍動感は、見ているだけで期待感をそそる。

しかも「2018年J2得点ランキング2位」のお墨付きだ。レノファ山口で22得点をマークしており、トリニータもホームとアウェイの両方できっちりとゴールを奪われた。ゴール前に飛び込んできた迫力は鮮明に記憶に焼きついている。

２０１９年に浦和レッズから期限付き移籍加入したオナイウ阿道は、これまでのカタノサッカーにはいなかったタイプだ。２０１８年Ｊ２ではリーグ最多の76得点を挙げたが、その得点者内訳は藤本憲明と馬場賢治が12得点、後藤優介と三平和司が10得点と４人の二桁ゴーラーを中心に多岐にわたっており、突出したストライカーの力に頼ることはなかった。組織的サッカーとしての象徴的なデータでもある。そこに加わった、圧倒的ストライカーとしての存在感を醸し出す男。この新戦力が組織的で細やかなカタノサッカーにどう組み込まれていくのかが、とても興味深かった。

オナイウ本人にとっても結果を出したい、23歳にして2度目のＪ１チャレンジだ。地元・埼玉の正智深谷高校で注目を浴びるとジェフユナイテッド千葉でプロデビューし、Ｊ２で3年間プレー。２０１７年にＪ１の浦和レッズへと移籍したが、リーグ戦はわずか1試合出場にとどまり、３試合出場した天皇杯でも1得点のみだった過去がある。レノファへの期限付き移籍でようやくポテンシャルを発揮すると、その実績を看板に、Ｊ１へ昇格したトリニータへとレンタル先を移した。今度こそＪ１で、２０１７年のリベンジを果たしたい思いはひとしおだ。

トリサポたちも「これはいい補強！」「阿道、よく来てくれた！」と大歓迎。プレシーズンには期待に胸をふくらませてトレーニングマッチを見に出かけた。だが、……あれ？

オナイウどこや？

前年のレノファで強烈な印象を刻みつけたゴール前の躍動が見られない。相手に体を当てられて足元のボールをロストする場面も目立つ。何よりなんとなく迫力に欠ける。

もしかしたら、ゴール前の約束事が多いカタノサッカーはオナイウには窮屈なのだろうか。

そう思って訊ねると、カタさんは言った。

「ちょっと時間がかかるかもしれないけど、阿道ならそんな難しいコンビネーションプレーに頼らなくても、シンプルに点を取ってくれるんじゃないかと思ってるんですよ」

なるほど。一人でゴールをこじ開ける力があるのならば、無理に連係して崩す必要はない。チームが組織として成熟するまでの間に、力技での得点にも期待できる。それで勝点を稼ぎながら、組織には徐々にフィットしていけばいい。

だが、そのオナイウがなかなか躍動しない。迷いながらプレーしている感じで、動きが小さくおとなしいのだ。

開幕のアントラーズ戦では62分からピッチに登場し、69分には絶妙に巻くパスで藤本の2点目をアシストしたが、その後は鳴かず飛ばず。もともと足元に長けたタイプでもないので、自陣に押し込まれた状態でボールを奪われ、失点につながったこともあった。

こうなると気の短いサポーターからはちらほらと「オナイウ使えねえ」という声が聞こえはじめる。

「全然よくないのに何故使い続けるんだろう」「あんな足元の下手な選手にシャドーは向いてないだろうに……」と、カタさんがオナイウを頂点ではなくシャドーで起用することに疑問を呈する人も増えた。

それでも、さすがは根気強く構築されてきたカタノサッカーの応援者たちだ。

「フジモンだってフィットするのに時間かかったじゃん」

「そうそう。もうちょっと我慢して見守ろう」

そう言って、息を殺すように待った。守備に走り、味方がボールを持てば受ける態勢を作ることを繰り返すオナイウの姿からは、なんとかきっかけを掴みたいという必死さが伝わってくる。足元に縦パスをつけられては何度もロストし、味方との呼吸が合わずスルーパスはラインの向こうまで転がっていく。

◆ケチャドバ・ジャストナウ！

阿道、頑張れ。

見守る人たちの思いが結実したのは、第7節のベガルタ仙台戦だった。

ベガルタはハモン・ロペスとジャーメイン良を2トップに並べた3―5―2で、守備時にはハモン・ロペスが下がって5―4―1のブロックを組んだ。まずは守備から入り、ボールを奪ったら勢いよく2トップでカウンターを狙う戦略だ。3―4―2―1のトリニータはベガルタのブロックの間で細やかにボールを動かしながら、ゴールへと迫った。

互いに攻め合い潰し合う展開の中で、次第にベガルタのアンカー・富田晋伍が自由に動きながらボールを散らすようになる。立ち上がりから1トップの藤本憲明が富田を牽制していたのだが、富田がサイドに流れるようになると、ゴールから遠ざかりたくない藤本はそれについていけない。富田をフリーにするといい状態で強力な2トップへとボールを渡されてしまうので、ここへの対応は急務となった。

どうする、カタさん。

失点する前に素早く動くのがさすがだ。カタさんはシャドーの小塚和季を一列下げてトリプルボランチ、藤本と三平和司の2トップへとシステムを変更することで富田の動きを制限した。この施策は見事に奏功し、ベガルタへと傾いていた流れは再び均衡を取り戻す。

それでもビルドアップのミスをハモン・ロペスにさらわれてジャーメインにシュートを打たれたりはしたのだが、守護神・高木駿のファインセーブでピンチをしのぐと、後半立ち上がりの47分、トリニータに幸運が転がり込んだ。ペナルティーエリア内で相手のクリアミスがこぼれたところへ走り込んでいた岩田智輝が押し込んで先制。岩田にとってはＪ１初ゴールだ。何度もあきらめずに最後尾から駆け上がっていた努力が最高の形で報われた。

ビハインドになったベガルタが前がかりになったことで、ピッチにはスペースが生まれた。オープンな展開になっていた61分、カタさんは三平に代えてオナイウ阿道を投入する。開幕のアントラーズ戦のように、二人が相手の背後に起点を作りフィニッシュに持ち込む流れが期待された。

まさにそれ！

時が訪れたのは77分だった。福森直也からボールを受けた星雄次が猛然と相手の間を抜け、センターサークル脇のオナイウにパス。オナイウが振り向きざまにスルーパスを送ると、藤本は斜め左前方へと流れながらそれを収めた。相手ディフェンダーは追いつくか追いつかないかのタイミング、キーパーのシュミット・ダニエルはすでに藤本のシュートに備えて構えている。

自分で仕掛けることもできる、でも、と藤本は考えた。オナイウから出てきたのは「もう一回行くよ」という感じのパスだ。オナイウはいま、猛然とゴール前に向かっている。追ってくる相手は３人。その距離感を見極めつつ、オナイウがペナルティーエリアに入ってくるタイミングまで待ってから、藤本はゴール前にパスを送った。右からのスライディングをかわして伸ばされたオナイウの長い脚は、シュミット・ダニエルが飛びつくより早く、ボールをゴールへと押し込んだ。

これを待ってたーーーーー!!

オナイウ自身にとっても、チームにとっても、サポーターにとっても待望の移籍後初ゴールだ。試合はそのまま2―0で終了し、カタさんは「阿道は苦しんでいたけど、やっとここ最近、吹っ切れたように見えたので」とうれしそうに言った。

このゴールシーンのことを、藤本は後にこう振り返った。

「多分、もうちょっと阿道のパスが強くて、もっと内側に来ていたら、自分で仕掛けたと思う。でも阿道はあそこに置く感じのパスを出していたから」

自身もカタノサッカーで結果を出すまでには苦労しただけに、オナイウのことも気遣っていたのだろう。「やりづらそうだなとは思っていたけど、ところどころに阿道らしいプレーは見えていたし、それを引き出してあげられればと思いながらやってました。これで開幕戦の借りは返せたかな」と、叩き上げストライカーは後輩の初ゴールを祝福した。

試合後、初ゴールの感想を求める報道陣に囲まれたオナイウはほっとした表情だった。

「シャドーで使われるのは難しさもあったけど、あの位置でプレーしたからこそ、アイデアやコンビネーションの面で考えることができたのかも。そうやってポジティブにとらえながら続けてきたことが、ここにつながったんじゃないかと思います」

やっぱりカタさんがシャドーで使い続けたことには意味があったのか――。

そう納得しつつ、初ゴールで吹っ切れて〝らしさ〟が全開になったオナイウのプレーを見ていると、さらにカタさんの意図がわかるような気がした。

オナイウは決して足元の技術が高いわけではなく、むしろトラップは得意とは言えない。だが、その大きなストライドはトラップが流れたところへと一歩で体を運んでいける。だからそれがむしろ球際に寄せてきた相手を剥がすことにつながったりもする。前に広いスペースがあったほうが、その利点が生きる。味方の落としたボールやセカンドボールを拾って前を向きゴールに向かう迫力は、最前列よりもシャドーのほうが発揮しやすい。

枷が外れたかのように躍動感を取り戻したオナイウは、続く第8節のガンバ大阪戦でもゴールを挙げた。右からのクロスに勢いよく飛び込んだところ、キーパー・東口順昭のパンチングクリアがオナイウの肩に当たって跳ね返り、ゴールに吸い込まれたのだ。多少ラッキーな要素もあったが、至近距離で目の前にかぶさってきたオナイウの迫力が東口にキャッチを許さなかったことで招いた事態とも言える。

第9節のセレッソ大阪戦では3戦連続ゴールとは行かなかったが、これまでとは打って変わって周囲との連係もよくなり、組織的な崩しに参加する場面も見られた。完全に吹っ切れた感がある。ひとつゴールを決めることがストライカーにとってどれだけ大きく影響するのかを、あらためて感じた。

◆次への扉が見えてきた

チームが好調なので、次第にメディアに取り上げられることも増えてきた。

シンデレラストーリーの主役・藤本は引っ張りだこだ。取材は1ヶ月待ち。本人もいい加減、同じようなことばかりしゃべらされて疲れているのではないかと思うのだが、そこはプロ。カメラの前でも実にいい仕事をこなす。ゴールパフォーマンスとして編み出した「ラブ・トリニータ」を意味する〝LTポーズ〟ごと、地上波テレビ番組でも何度もオンエアされて、いまやすっかり全国区だ。青森山田高校時代に寮で見ていた『やべっちＦＣ』に出演する側になったという、「もうひとつのシンデレラストーリー」も生まれていた。

播戸竜二氏や中西哲生氏ら、マスメディアで活躍するサッカー界のビッグネームが次々に藤本と対談するために、はるばる大分までやってきた。このあたりが出てくると、嫌でも戦術が丸裸にされる。これまでは対戦相手のスカウティング班がこっそり分析するにとどまっていたあれやこれやが、サッカーに詳しくない視聴者にもわかりやすいように懇切丁寧に噛み砕かれて、離乳食ばりに消化しやすい状態で解説されてしまうのだ。

当然、戦術マニアなサッカーファンによるブログでも、図解付きで詳細に書き綴られることになる。チームが狙ってやっていることとピッチで起きる現象は必ずしも一致しないので、ファンによる戦術ブログの場合は深読みが過ぎたりチームの狙いとは外れていたりすることも多いのだが、それでもこういう層に注目されイジり倒されるのは、カタノサッカーの面白さがピッチで表現できている証拠だと思う。チームの好調にともなって、対戦相手からの研究が進むのも必然の理だ。J1で最初にあからさまに対策されたと感触があったのは、第8節のガンバ大阪戦。強豪を率いる〝ツネさま〟こと宮本恒靖監督の施策だった。

ガンバは2018年7月、戦績不振だったレヴィー・クルピ監督を解任して宮本新監督体制へと切り替えると、9連勝を含む破竹の勢いでV字回復し、16位から9位へとジャンプアップしてシーズンを終えた。現役時代からクレバーなイケメンとして人気を博したツネさまの仕事ぶりには惚れ惚れさせられたが、2019年は一転、7節を終えて2勝5敗と調子が上がっていない。ホームで勝てていないことが、勝たなくてはならない感をいや増している。そんな状況でのトリニータ戦だった。

このアウェイ会場には、1300人ものトリサポが詰めかけた。2016年に完成した吹田サッカースタジアムでトリニータが戦うのは今回が初めてだ。２０１６年Ｊ３のガンバＵ―23戦が万博記念競技場開催となってがっかりした過去があるぶん、美しいサッカー専用スタジアムでの試合には期待が高まる。しかも相手には遠藤保仁や今野泰幸ら知名度の高い実力派プレーヤーが並び、それを束ねるのがイケメン指揮官とあれば、「ここは行っとくところ」という位置付けにもなったのだろう。

カタさん自身が２０１５年までコーチとして在籍したガンバの強さはよくわかっているはずだ。いまはたまたま結果がともなっていないが、リーグ屈指の強豪クラブであることに疑いはない。ファン・ウィジョやアデミウソンといった極上パワフルな攻撃陣を前線に並べ、攻守に激しく圧をかけてくるガンバの圧倒的な迫力を、カタノサッカーのビルドアップはかわしていけるのだろうか？

そんな不安まじりの期待を胸にスタジアムへと到着すると……あれ？

ファン・ウィジョもアデミウソンも小野瀬康介もベンチスタートだ。スタメンには渡邉千真や藤本淳吾、田中達也らシーズン初出場メンバーが並ぶ。勝てていないからイジってきたのだろうが、一体これは何ですの。強豪のガンバさんが昇格組のトリニータ相手に引いて守るとかあり得ないし。と思っていたら、まさかの引いて守られた。フォーメーションも、いつもの４バックではなく３―４―２―１。守備時には５―４のブロックを組んで、持ち前のハイプレスを完全に封印している。

マジか……もしかしてプレスをかわされることを警戒してる？

だがそれは、失点しないように試合を運びながら、どこかのタイミングでベンチに待機するツワモノたちを投入して、そこからの時間帯に勝負を懸けるプランということだ。リスペクトされているのかナメられているのかよくわからない。

ガンバのこの出方は、メンバー表を見るまでカタさんにとっても想定外だったが、堅いブロックを前に攻めあぐねるチームを見ながら「それならそれでいいや」と考えていた。まともに張り合えば個の能力で押さえ込まれてしまいそうなところを、相手が撤退守備に徹していれば、相手の攻撃機会も少なくなる。こちらも焦って攻めずに時間を消費すればいい。

そんな駆け引きの最中、アクシデントが起きた。21分、渡邉が足を痛めてプレー続行不可能となり、予定より早くファン・ウィジョと交代する。ガンバはいま、徹底的にツキがないらしい。25分、松本怜のクロスをキーパー・東口順昭がパンチングクリアしたボールが、飛び込んできたオナイウ阿道の肩に当たって跳ね返り、ゴールへと吸い込まれた。無失点で試合を進めるガンバのプランが、事故的な失点で崩れる。

ビハインドとなったガンバは、後半の頭からアデミウソンを入れてシステムをいつもの4―4―2に戻すと、前半の仮面を脱ぎ本来の姿をあらわに牙を剥いた。激しいハイプレスでトリニータのビルドアップを阻み、縦パスの入ったところを狙って怒涛のように奪いにくる。ひとたびマイボールにすれば遠藤が軸となってボールを出し入れしながら、アデミウソンや倉田秋らが絡んでスペクタクルな攻撃を仕掛けてきた。

こちらもいつものように中を固めながらサイドに追いやってクロス対応に持ち込もうとするのだが、さすがのガンバは単調にクロスを入れるような真似もしてはくれず、分厚い攻撃を仕掛けてくる。一方的に押し込まれる展開の中、カタさんは中盤を厚くして対応した。運にも助けられつつ、しばらくは高木駿のファインセーブや守備陣のシュートブロックでしのいでいたのだが、ミスからボールを奪われると71分、遠藤のシュートをクリアしようとした鈴木義宜の足に当たったボールはゴールの中へ。こちらもアンラッキーな形で同点弾を許してしまった。

終盤に追加点を奪えそうな時間帯も訪れたのだが、決定機を逃して1―1のままタイムアップ。とはいえ、アウェイでガンバ相手に勝点1ゲットは悪くない結果だ。

「うちもこうして相手に対策されるようになった」

と、試合後のカタさんは今後ますます険しくなるであろう戦いを思って嘆きながら、ちょっとだけうれしそうでもあった。対策されるということは、リスペクトされているということでもある。カタノサッカーがJ1の強豪チームから認められた手応えを、吹田のテクニカルエリアで、肌で感じたのに違いない。

大丈夫。とどまることなき進化系・カタノサッカーにとって、封じられることは次のフェーズへの扉なのだ。

◆肉を切らせて骨をイマイチ断ててない

絶対、塩試合になる。

〝わかってる〟Ｊリーグファンは、こぞってそう予想していた。

なんせカタさん対ロティーナだからな……。

ロティーナ監督には２０１７年と２０１８年のＪ２で、さんざん難しい試合を強いられた。カタさん体制での東京ヴェルディ戦は２分２敗。２分はいずれもスコアレスドローに終わっている。他チームとはそこそこ、3得点とか4失点とかいった試合も演じているのだが、カタさんとの対戦でのしょっぱさだけは、一貫してブレることなかった。

そのロティーナが、２０１９年はセレッソ大阪へやってきた。まさかの指揮官の個人昇格だ。

Ｊ１でもあれが再現されるのか……。

観るにも労力を要する両指揮官による頭脳戦はいつも、ゴール前のシーンも球際激しいぶつかり合いも少なく、ひたすら中盤で牽制し合っているような展開になる。脂汗を垂らしながらにらみ合い、カタさんが均衡を崩しに行けばロティーナがまたそれを封じに行くという繰り返しで、一見すると退屈きわまりない。なぜならその攻防の大きな要素はポジショニングによる主導権の奪い合いで、実に静かに、かつ巧妙に繰り返されるからだ。あらゆる動きに乏しいゲームは、〝わかってる〟人でないと楽しめないマニアックなものになってしまう。

ただ、チームを移ったときにロティーナがどんなサッカーをするのかは、大いに気になった。気になっていたらルヴァンカップでセレッソと同グループになり、いきなり開幕戦で対戦を迎えた。

リーグの合間の連戦で、両軍ともメンバーを大幅に入れ替えての戦い。5―4―1のブロックでスペースを消すセレッソをトリニータがサイドから攻略するという図式で、予想していたよりは動きがある感触だが、それは多分、ロティーナの戦術がまだセレッソに浸透しきれていないためだ。お互いに相手の隙を突いて決定機を築くと、23分にセレッソに先制されたが90分に追いつき、まさかの90＋2分に逆転弾を沈めてトリニータが勝った。カタノサッカー、記念すべきロティーナからの公式戦初勝利だ。

それでも、この勢いでリーグ戦も、とは思えないのがロティーナのロティーナたるところ。

再度まみえたＪ１第９節、立ち上がりは激しく仕掛けてきたセレッソの攻撃をしのぐと、15分過ぎた頃からは案の定、安定の硬い展開となった。パスを出したいところを見事に消され、それならと別方面から攻めれば今度はそこを消される。ヴェルディの頃に比べればまだ若干のポジショニングの甘さが感じられるが、それはセレッソの選手がより攻撃的だからなのか、ロティーナ戦術の浸透度合の問題なのかはわからない。

おそるおそるチラ見したツイッターには「セレッソ対トリニータの試合が面白くない！」といった文言が並んでいる。まあそうなるよね……。

だが、ピッチに渦巻くエネルギーはハイカロリーだ。パスを出させまいと遮る側と、なんとかそれをかわしてパスを通そうとする側。にらみ合い、ずらし合い、細かすぎて伝わらない駆け引き状態になっている。

結局、スコアレスドローで終わった。ものすごい徒労感とものすごい達成感が同じくらいに押し寄せてくる。

「ロティーナさんは、肉を切らせて骨を断つって感じだから」

「肉を切らせつつ骨も中途半端に断てず、両方死亡的な試合だったじゃん……」

セレッソ担当記者たちと頭を抱えながら、でも激しくて面白い試合だったねと言い合った。戦い方がちょっとマニアックだっただけだ。

だが、第8節のガンバ戦と第9節のセレッソ戦、この大阪アウェイ2連戦が、カタさんをさらに燃え上がらせることになったことは間違いない。第10節、われわれはまたもカタノサッカーの変貌を目の当たりにすることになる。

◆やられた！「指揮官体調不良」という奇襲

「……はぇ？」

と、思わず変な声が出た、第10節・サガン鳥栖戦キックオフ2時間前。地元紙の記者が「鳥栖の監督が来てないですよ」と教えてくれたのだ。慌ててメンバー表を見直すと、確かに監督欄にはルイス・カレーラス監督ではなく金明輝コーチの名が記されている。

それやるかーーーーー!?

鳥栖は2018年10月にマッシモ・フィッカデンティ監督を解任し、金明輝コーチがラスト5試合の指揮を執ると3勝2分で14位フィニッシュしてJ1残留を果たした。だが、最後まで混戦状態だったJ1残留争いの泥沼から這い上がるという結果を残したにもかかわらず、2019年は金明輝監督をコーチに戻すと、カレーラス監督を連れてきた。FCバルセロナの生え抜きで、ポゼッションスタイルを植えつけるための招聘だということだった。

新たなスタイルの確立には相応の時間を要する。ポゼッションスタイルとなればなおさらだ。長い目で見守る辛抱が求められる。が、それにしても、2019年開幕からの鳥栖の戦績はヤバかった。9節を終えて1勝1分8敗の最下位。それだけならまだしも、リーグ戦での得点がわずか1なのだ。半年あまり前には鳴り物入りで世界的スーパースターのフェルナンド・トーレスやら日本代表の金崎夢生やらを獲得し、豊田陽平も期限付き移籍から復帰。2019年には指揮官自らバルサの生え抜きのイサック・クエンカまで連れてきて、超ゴージャスな攻撃陣を揃えている。それで9試合で1得点なのだから、何がどうなればそうなるのかがよくわからない。毎試合、決定機はそこそこあって、それも迫力満点なのだが、紙一重で枠を外れたり相手のキーパーが当たっていたりという状態が続いていた。

「次のトリニータ戦で引き分け以下なら監督解任になるらしい」

第9節で湘南ベルマーレに0―2で敗れた後、そういう情報が流れてきた。それも仕方ない戦績かと思いつつ、トリニータが引導を渡すことになるのか……と少し複雑な思いでいたのだ。それがいきなり、すでにいない。理由は体調不良だということになっているが、「そんなの嘘やー!」としか思えない。だって、カレーラス腹心のスペイン人スタッフも誰も帯同していないのだ。全員揃って食中毒か何かか。絶対にありえない。

今週オフ明けの練習後には笑顔で取材に応えていたカレーラス。週半ばの非公開練習の日から、指揮権は金明輝コーチの手に委ねられたという。こちらにしてみれば奇襲も奇襲だ。カレーラスは相手によってシステムを使い分け、ミラーゲームに持ち込むことを好んだが、金明輝は2018年ラストを4―4―2で戦って結果を出した。さあ、今日はどんなフォーメーションで臨んでくるのか。

DAZNの中継現場もてんやわんやだ。この事態を中継でどう伝えるのか、金明輝の肩書きは監督なのかコーチのままなのか。データを揃えたりクラブ関係者に確認したりとスタッフが駆けずり回った。

だが、鳥栖がそんな指揮官交代でわれわれの寝耳に水をぶっ込んでいた頃、トリニータのスターティングメンバーにも、実は大きな異変が生じていた。

「フックがいない……」

開幕から全試合フル出場を続けていた福森直也の名が、どこにもない。ベンチにさえも入っていないということは怪我なのか。一昨日は元気に練習していたけれど……。

2018年夏以降、トリニータの3バックは不動のメンバーだった。左から福森直也、鈴木義宜、岩田智輝。この3人による最終ラインがJ1自動昇格と2019年J1での好調を支えてきたと言っても過言ではない。3枚のうち1枚でも欠ければ全体のバランスが崩れるような気がしていた。実際に2018年、福森が負傷離脱していた時期は戦力のやりくりに苦戦している。代わりに3バックの左に入るのは、ルーキーの高畑奎汰だ。トリニータU―18からトップチームに昇格したばかり。福森と同じくレフティーで、第2節の松本山雅戦で途中出場してデビューした。ルヴァンカップではフル出場しているが、リーグ戦でのスタメンは初めてだ。それがいきなりフェルナンド・トーレスとか金崎夢生とかとマッチアップすることになる。

大丈夫なのか……？

鳥栖の連敗記録を止める〝爆弾処理班〟となる覚悟も胸に、戦いの火蓋は切って落とされた。

◆攻守はあざなえる縄のごとし

鳥栖戦での高畑の起用に関して、カタさんは試合後、「覚悟をもってチャレンジした」と明かした。それは16年の就任以来、信頼して最終ラインを託してきた福森直也を先発から外すという選択だ。特に最近の福森はプレーの安定性を増し、J1へとカテゴリーを上げながら9試合6失点の堅守に貢献している。鈴木義宜とのコンビネーションもよく、また右センターバックの岩田智輝が攻め上がった際のリスク管理も、福森がいればまずは安心だ。

そこを高畑に代えれば、守備のバランスを崩すことにもなりかねない。183センチの福森に比べ、高畑は175センチと高さの面でも不安がある。右の岩田も高さがないため、鳥栖の前線の顔ぶれと戦い方によっては、かなり不利なことになる可能性があった。

それでも敢えて、カタさんは高畑の選択へと踏み切った。第8節のガンバ大阪戦、第9節のセレッソ大阪戦と、相手に守備の枚数を合わされて攻めあぐねる試合が続き、J2でもそうだったようにJ1でもカタノサッカー対策として引いて守ることが常套化しそうになっていたことも影響したかもしれない。相手にブロックを構えられたときには低い位置から前線まで一発でクサビを通す福森よりも、高い位置まで攻め上がる高畑の攻撃参加方法のほうが有効になる。そう踏まえての、指揮官のチャレンジだった。

大分市生まれでトリニータアカデミー育ちの高畑奎汰は、もともとは攻撃的なポジションのプレーヤーだ。U—18時代に左サイドバックにコンバートされ、左サイドを駆け上がってはクロスを供給したり自らフィニッシュに絡んだりするようになった。トップチームに昇格するときには、左ウイングバックでの起用が見込まれていたが、プロデビュー戦のJ1第2節・松本山雅戦では、攻撃的オプションとして福森と交代してピッチに立っている。ルヴァンカップではウイングバックで1試合に出場した後、左センターバックでフル出場を続けていた。

金明輝コーチの率いる鳥栖は、蓋を開けてみれば3―4―2―1。自陣ではマンマークに近いレベルで守備の枚数を合わせ、執拗にトリニータの攻撃を潰しにかかる。

やっぱり引いてきたか……。

そんな鳥栖に挑むように、高畑は前半から何度も左サイドを駆け上がり、ウイングバックの高山薫やシャドーの小塚和季と連係しながら堅いブロックを攻略した。1本、2本とクロスを入れるが、精度を欠いてファーへと流れてしまう。

だが、辛抱強く続けていた後半立ち上がり、ついにそれが結実する。48分、小塚のパスを受けた高畑のクロスにニアで藤本憲明が潰れ、その向こうに詰めていたオナイウ阿道が落ち着いて流し込み先制した。

60分には右サイドの岩田のクロスを小塚がヘディングで押し込む。右も左もセンターバックが高い位置まで駆け上がり、これまで以上にカタノサッカーの攻撃性が増している。二人が攻め上がったスペースは、ボランチの島川俊郎がバランスを取りながらケアしていたが、この島川とて、かつては攻撃的センターバックとして柏レイソルアカデミーの黄金時代を築いた男だ。

63分には懸念したとおり、高畑の頭上から金崎夢生にヘディングシュートを見舞われた。だが、高木駿がビッグセーブでゴールを割らせない。

２点差で鳥栖に追撃されながら、こちらもなおも攻め返すアグレッシブさ。Ｊ１で戦うようになってからのカタさんは、さらに攻撃志向を強めていた。自分たちがボールを保持することで、相手の攻撃時間を削るという考え方だ。前線の強力なストライカーを抑えるのではなく、そこへのパスの出し手を抑えるのでもない。もちろんそれもしながらではあるが、まずは相手にボールを渡さなければピンチは自ずと少なくなる。

鳥栖戦も無失点で終えて、記録は10試合６失点となった。Ｊ３やＪ２では「得点が多いが失点も多いチーム」だったトリニータが、きっともっと失点が増えるのではないかと懸念されていたＪ１で、キツネにつままれたような数字だ。

それがさらなる攻撃志向の成果なのかどうかは、シーズンが終わってからのデータで検証したい。

Ｊ１での守護神・高木駿は、Ｊ２時代に比べても明らかにプレーエリアを拡大している。Ｊ２時代から広範囲を委ねられていたが、それがさらに広がってきた。ハイラインの裏のケアということではない。それもあるが、むしろ攻撃時のポジショニングがアグレッシブになっているのだ。自らボールをエリア外へと持ち出して、相手フォワードを越えた位置まで出ていくこともある。そんなところでカタノサッカー名物のボール回しをするわけだから、初めて見る人たちはみんな驚いたり笑ったりする。

当然、つなぎのミスで大ピンチを迎えることもあった。だが、どうも高木という男、やらかすと通常以上にアドレナリンが分泌されてビッグセーブを連発するようだ。自らロストして自らシュートストップという自作自演プレーが、シーズン序盤にしてすでに何度か目撃されている。

「ハーフタイムにカタさんから『しっかり集中するように』って言われました。チーム全員に言ってるふりをしてたけど、あれは明らかに俺に言ってましたね……」

と、守護神は苦笑いした。

だが、そんなチャレンジの連続こそが、カタノサッカーの真髄だ。キーパーだけではない。どのポジションのどの選手も、それぞれの役割の中で、いつも新しい課題を与えられている。

10節を終えて3位。

この快進撃がこのまま続くとは、とても思えない。他チームも完成度を上げてくるだろうし、カタノサッカーへの新たな対策も、きっと編み出されてくるだろう。

そのたびにカタさんは頭を抱え、それを乗り越えるアイデアを絞り出し、選手たちに戦術を落とし込んでいく。

カタノサッカーはどこまで進化できるのか。

こんなエンターテイメント、取材し続けるしかないじゃないの、と思う。

エピローグ　進化系スタイル「カタノサッカー」

２―０で快勝したマリノス戦後の囲み取材でニヤニヤするのを抑えきれず、思わずカタさんに言った。

「偽サイドバック封じ、すごく面白かったですね。ペップとやっても勝っちゃうんじゃないですか」

カタさんはワハハと笑って「いやあ、勝たないですよ」と照れた。

ニヤニヤが抑えきれなかったのは勝ったからではない。もちろんそれもうれしいけれど、カタさんの立てた作戦が見事にハマったからだ。

カタさんが監督になってから練習が非公開になることが増えて、試合前々日の紅白戦は見せてもらえないから、試合を見なくては、チームの対相手戦術はわからない。

前体制の田坂和昭監督時代は完全にオープンで、逆に「いいのかこれ……?」と心配になるほどだったので、練習を見て次の試合の狙いどころを探った上で試合を取材していた。これがとても勉強になった。

だから、カタさん体制になって事前に狙いどころがわからないと不安だなと思っていたのだけど、これはこれで鍛えられる。ひたすら次の対戦相手の映像を見て、トリニータがどこをどう突くかを想像してスタジアムへ向かうのだ。おかげでだいぶサッカー思考筋を鍛えられている。

カタさんは理論派なのに、それっぽい言葉を使わない。むしろ監督にしては語彙は少ないほうだと思う。だけど多分、そのときどきでチームに必要なものをキーワードにして、ミーティングで、トレーニングで、取材用のコメントで、ひたすらそれを繰り返す。それは「最大値を出して」だったり「狙いを合わせて」だったり「つながる」だったり、別にそれほど特別な言葉というわけでもない。だけど不思議なもので、毎日のようにその言葉を繰り返し聞かされていると、いつのまにかその言葉が、カタさんの声色で、体の一部になっている。

選手もきっとそうなんだろうと思う。毎日毎日グラウンドでポゼッション練習をしながら、

「幅見て！　奥行き見て！　正確に！」

とグリッドの横で言い続けられたら、意識していなくても体に染みついてしまうのではないか。

戦い方を見ていたら絶対にサッカー戦術のトレンドを意識しているはずだと思うのに、カタさんが戦術用語を使うのを聞いたことがない。

そのことについて以前、コーチの安田さんに訊ねたことがある。安田さんは即座に答えた。

「まあ、選手はそういう言葉や理論は知る必要はなくて、僕らがわかってればいいことだからね」

「だから、そういう言葉とか、こういう理論があるよっていう説明を使わずに、それを取り入れた戦術をどうやって選手たちに落とし込んでるのかなと思って」

練習取材の主な目的はそこだ。でも、それほど小難しいことを指示している様子は特に見受けられない。

実戦をイメージしたミーティングや非公開練習では、よりチーム戦術的なことを伝えていると思うのだが、いきなりそれをピッチで実行できるものでもない。

来る日も来る日も繰り返されるポゼッション練習の「幅見て！　奥行き見て！　正確に！」と、その週の試合の狙いの要素を入れたパス＆コントロール練習で、基礎のほとんどが築かれていることになる。基礎というのは、カタさんのサッカーの原則的な部分だ。

ただでさえ難しいサッカーという競技について、考えるのは必要最小限の難しいことだけに絞って集中させて、あとは意識させることなく組織全体をマネジメントしながら個々の戦力も育てていくって、チーム片野坂はものすごく優秀なんじゃないだろうか。

積み重ねるって本当に効果を生むんだなあ、と、担当しているチームを見ながら実感できるのは素晴らしいことだ。

「戦術的ピリオダイゼーション」をマネジメントのベースとしているチーム片野坂では、目の前の一試合に集中することを繰り返しながら、右肩上がりに調子を上げ、シーズン終盤に最高潮の状態までに持っていく。それに張りついて全試合を取材していくうちに、いつのまにかこちらまで目の前の一試合に全力をそそぎ、それを繰り返して、戦ピリ的にシーズンを終えている。ある意味、身をもって戦ピリ効果を体感しているとも言えるのかもしれない。

カタさんのサッカーは難しい。何が難しいかというと、選手にとっては、まず自分で判断して動かなくてはならないということ。そしてそれぞれの判断を周囲と連係させることだ。われわれにとっては、カタさんのサッカーを体系立てて言語化するのが難しい。

カタさんが監督に就任してから現在に至るまでのサッカーは、基本的なところは変わっていないけれど、細かいところで少しずつ変化している。それは試合ごとの〝仕掛け〟に表れていて、それを見ながら「あ、変化しているな」と思っているうちに、あるときふと「ああ、カタさんは世界の捉え方が変わったんだ」と気づいたりする。戦術の進化は人の変化だ。それは監督も選手も含めて。

どの監督もそれぞれに独自の世界観を持っていて、その中で戦術を組み立て、スタイルが出来上がっていく。カタさんは世界観や理論がブレない。本当はブレたくなくてもチーム事情でブレざるを得ない場合がたくさんあるのに、そこはブレなくていいように支えている強化部長のテッペーさんの手腕だなと思う。

で、軸はブレないながら、どんどん変容していくから面白い。その変容にしても、違和感なく取り入れるものと、これは異物とわかっていながら取り込むものとがはっきりしているので、ブレていないことが確認できる。

２０１７年は〝異物〟を用いて戦った試合がいくつかあった。２０１８年にはその割合がぐっと減った。少なくとも試合単位ではなかったように思う。両年ともＪ２で、ほぼ同じ監督の同じ相手と戦っていたので、比較してみるとそれがわかる。

そうやって〝異物〟の割合を減らしていって、行きつく先は世界征服だ。カタさんは世界征服を目指しているので、小手先の施策でとりあえず勝点を取ることをよしとしない。もちろん現実的に結果を求めなくてはならない状況は必ずあるので、そういうときは割り切って異物を取り入れる。取り入れるけれど、「今日は自分たちの戦いじゃなかったですからね……次こそは自分たちの戦いで」と悔しそうに言う。

そうやってカタさんはJ3、J2、J1と日本プロサッカーリーグのカテゴリーを駆け上がってきた。その過程で少しずつ異物の力を借りる割合を減らして純度を高めながら。

カタさんの指揮する全試合を現地でリアルタイムで取材させてもらっていることは、とてもしあわせなことだ。片野坂知宏という監督の誕生以来、ひとつのスタイルが生まれ成長していくさまを、逃さず継続的に見ていられる。

トリサポから「カタノサッカー」と呼ばれているカタさんのサッカー。そろそろその呼称も「ミシャ式」と並び立つくらいの市民権を得ていいんじゃないかな、と思う。

ひぐらし ひなつ

大分県中津市出身。サッカーライター。大分トリニータのオフィシャルメディアへの執筆やサッカー専門新聞「EL GOLAZO」大分担当など、大分を拠点に活動しつつ、幅広い地域やカテゴリーを取材。
著書に『大分から世界へ 大分トリニータユースの挑戦』(出版芸術社)、『サッカーで一番大切な「あたりまえ」のこと——弱くても勝つ大分高校サッカー部』(内外出版社)、『監督の異常な愛情——または私は如何にして心配するのを止めてこの稼業を・愛する・ようになったか』(内外出版社・第6回サッカー本大賞読者賞)がある。

装幀 —— ゴトウアキヒロ
写真提供 —— Jリーグ

救世主監督 **片野坂知宏**

発行日 2019年 6月10日 第1刷
2019年 6月25日 第2刷
著 者 ひぐらしひなつ
発行者 清田名人
発行所 株式会社内外出版社
〒110-8578 東京都台東区東上野2-1-11
電話 03-5830-0368 (企画販売局)
電話 03-5830-0237 (編集部)
https://www.naigai-p.co.jp
印刷・製本 中央精版印刷株式会社

第 6 回サッカー本大賞読者賞作品

定価・本体 1500 円＋税
四六判軽装 272 頁
ISBN9784862573537

監督の異常な愛情

または私は如何にして心配するのを止めて
この稼業を・愛する・ようになったか

ひぐらしひなつ

限られた環境、予算、戦力で、戦術・分析・采配を駆使し、ポジティブに、たくましく、しぶとく戦い抜く監督たち。
逆境に立ち向かい、鉄火場に立ち続ける、敗れざる者たちへの賛歌 !!

ラインナップ

田坂和昭／片野坂知宏／北野誠／高木琢也／吉武博文

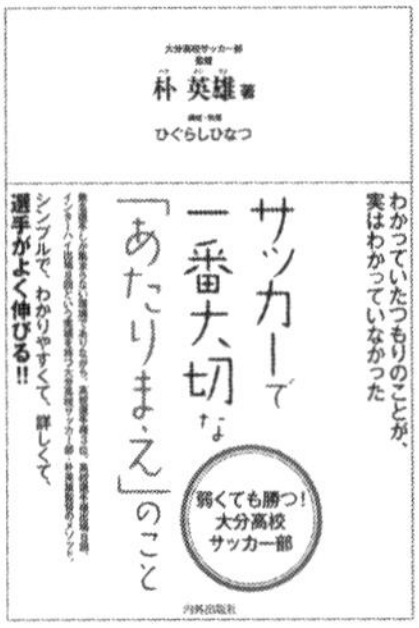

定価・本体 1400 円＋税
四六判軽装 224 頁
ISBN9784862572547

サッカーで一番大切な「あたりまえ」のこと

弱くても勝つ！　大分高校サッカー部

朴英雄・ひぐらしひなつ

2 番手、3 番手の選手しか集まらない環境でありながら、幾度も高校選手権、インターハイ出場の実績を持つ大分高校サッカー部。「超弱いチームほど強くなるよ」という朴英雄監督が実践する「フリーマンサッカー」とは。そして選手の長所を最大限に「伸ばす＆生かす」チームづくりと戦術に迫る !!「あたりまえ」だけど、多くの指導者・選手が気づいていない、強くなるためのヒント。